太炎之諸子學略說

章太炎 著

探索諸子百家的思想源流
一場與聖賢的深度對話

深入諸子學派，展現思想的博大精深
從文言文中汲取智慧的養分
解析古聖先賢的言行舉止
穿越千年歷史傳承而來的中華文化

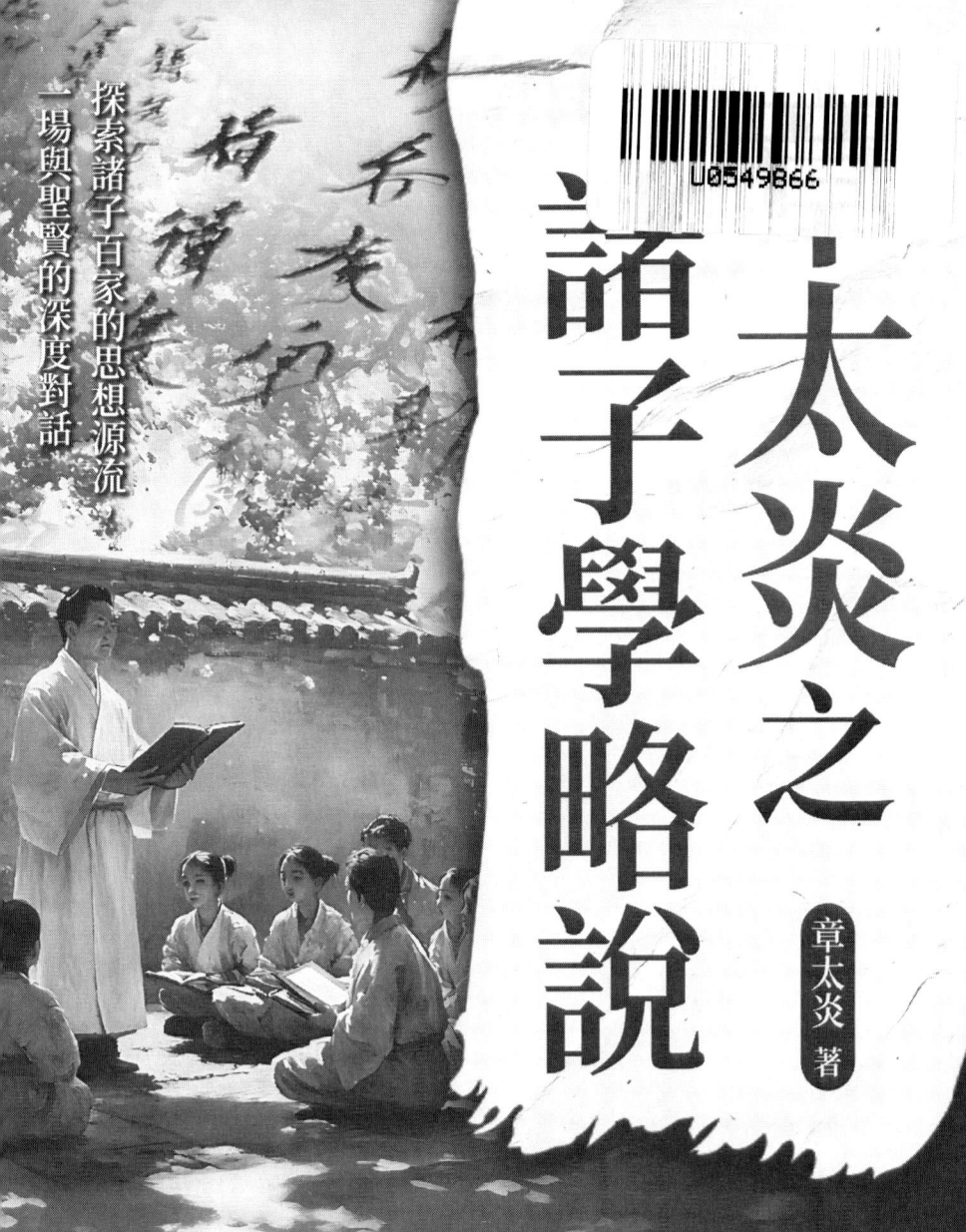

目錄

諸子學略說

所謂諸子學者，非專限於周秦，後代諸家，亦得列入，而必以周秦為主。蓋中國學說，其病多在汗漫。春秋以上，學說未興，漢武以後，定一尊於孔子，雖欲放言高論，猶必以無礙孔氏為宗。強相援引，妄為皮傅，愈調和者愈失其本真，愈附會者愈違其解故。故中國之學，其失不在支離，而在汗漫。自宋以後，理學肇興。明世推崇朱氏，過於素王。陽明起而相抗，其言致良知也，猶云朱子晚年定論。孫奇逢輩遂以調和朱、陸為能，此皆汗漫之失也。

唯周秦諸子，推跡古初，承受師法，各為獨立，無援引攀附之事，雖同在一家者，猶且矜己自貴，不相通融。故荀子非十二子，子思、孟軻亦在其列。或云子張氏之賤儒，子游氏之賤儒，子夏氏之賤儒，詬詈嘲弄，無所假借。《韓非子．顯學篇》云：世之顯學，儒墨也，儒之所至，孔丘也，墨之所至，墨翟也。自孔子之死也，有子張之儒，有子思之儒，有顏氏之儒，有孟氏之儒，有漆雕氏之儒，有仲良氏之儒，有孫氏之儒，有樂正氏之儒。自墨子之死也，有相里氏之墨，有相夫氏之墨，有鄧陵氏之墨。故孔、墨之後，儒分為八，墨離為三，取捨相反不同，而皆自謂真孔、墨，孔、墨不可復生，誰使定世之學乎！此可見當時學者，唯以師說為宗，小有異同，便不相附，非如後人之忌狹隘、喜寬容、惡門戶、矜曠觀也。蓋觀調和獨立之殊，而知古今學者遠不相及。佛家有言，何等名為所熏，若法平等，無所違逆，能容習氣，乃是所熏。此遮善染，勢力強盛，無所容納，故非所熏。若法自在性，非堅密能受習氣，乃是所熏。此遮心所。及無為法，依他堅密，故非所熏。（見《成唯識論》。）此可見古學之獨立者，由其持論強盛，義證堅密，故不受外熏也。

或曰：黨同門而妒道真者，劉子駿之所惡，以此相責，得無失言。答曰：此說經與諸子之異也。說經之學，所謂疏證，唯是考其典章制度與其事蹟而已。其是非且勿論也。欲考索者，則不得不博覽傳記，而漢世太常諸生，唯守一家之說，不知今之經典，古之官書，其用在考跡異同，而不在尋求義理。故孔子刪定六經，與太史公、班孟堅輩，初無高下，其書既為記事之書，其學唯為客觀之學，黨同妒真，則客觀之學，必不能就，此劉子駿所以移書匡正也。若諸子則不然。彼所學者，主觀之學，要在尋求義理，不在考跡異同。既立一宗，則必自堅其說，一切載籍，可以供我之用，非束書不觀也。雖異己者，亦必睹其籍，知其義趣，唯往復辯論，不稍假借而已。是故言諸子，必以周秦為主。

古之學者，多出王官世卿用事之時，百姓當家，則務農商畜牧，無所謂學問也。其欲學者，不得不給事官府為之胥徒，或乃供灑掃為僕役焉。故〈曲禮〉云：宧學事師。「學」

字本或作「御」。所謂宦者，謂為其宦寺也；所謂御者，謂為其僕御也。故事師者，以灑掃進退為職，而後車從者，才比於執鞭拊馬之徒。觀春秋時，世卿皆稱夫子。夫子者，猶今言老爺耳。孔子為魯大夫，故其徒尊曰夫子，猶是主僕相對之稱也。《說文》云：「仕，學也。」仕何以得訓為學？所謂宦於大夫，猶今之學習行走爾。是故非仕無學，非學無仕，二者是一而非二也。（學優則仕之言，出於子夏。子夏為魏文侯師。當戰國時，仕學分途久矣，非古義也。）秦丞相李斯議曰：「若欲有學法令，以吏為師。」亦猶行古之道也。唯其學在王官，官宿其業，傳之子孫，故謂之疇人子弟。（見《史記．曆書》。）疇者，類也。漢律，年二十三傳之疇官，各從其父學，此之謂也。（近世阮元作《疇人傳》，以疇人為明算之稱，非是。）其後有儒家、墨家諸稱，《荀子．大略篇》云：此家言邪學，所以惡儒者。當時學術相傳，在其子弟，而猶稱為家者，亦仍古者疇官世業之名耳。《史記》稱老聃為柱下史，莊子稱老聃為徵藏史，道家固出於史官矣。孔子問禮老聃，卒以刪定六藝，而儒家亦自此萌芽。墨家先有史佚，為成王師，其後墨翟亦受學於史角。陰陽家者，其所掌為文史星曆之事，則《左氏》所載瞽史之徒，能知天道者是也。其他雖無徵驗，而大抵出於王官。是故《漢．藝文志》論之曰：

儒家者流，蓋出於司徒之官。道家者流，蓋出於史官。陰陽家者流，蓋出於羲和之官。法家者流，蓋出於理官。名家者流，蓋出於禮官。墨家者流，蓋出於清廟之守。縱橫家者流，蓋出於行人之官。雜家者流，蓋出於議官。農家者流，蓋出於農稷之官。小說家者流，蓋出於稗官。

此諸子出於王官之證。唯其各為一官，守法奉職，故彼此不必相通。《莊子·天下篇》云：譬如耳目鼻口，皆有所明，不能相通，是也。亦有兼學二術者，如儒家多兼縱橫，法家多兼名，此表裡一體，互為經緯者也。若告子之兼學儒、墨，則見譏於孟氏，而墨子亦謂告子為仁，譬猶跂以為長，隱以為廣，其弟子請墨子棄之。（見《墨子·公孟篇》。）進退失據，兩無所容，此可謂調和者之戒矣。

今略論各家如下：

一論儒家。《周禮·太宰》言儒以道得民，是儒之得稱久矣。司徒之官，專主教化，所謂三物化名。三物者，六德、六行、六藝之謂。是故孔子博學多能，而教人以忠恕。雖然，有商訂歷史之孔子，則刪定《六經》是也；有從事教育之孔子，則《論語》、《孝經》是也。由前之道，其流為經師；由後之道，其流為儒家。《漢書》以周秦、漢初諸經學家錄入〈儒林傳〉中，以《論語》、《孝經》諸書錄入〈六藝略〉中，此由漢世專重經術，而儒家之荀卿，又為《左氏》、《穀梁》、《毛詩》之祖，此所以不別經、儒也。若在周秦，則固有別。

且如儒家鉅子，李克、寧越、孟子、荀卿、魯仲連輩，皆為當世顯人，而〈儒林傳〉所述傳經之士，大都載籍無聞，莫詳行事。蓋儒生以致用為功，經師以求是為職。雖今文古文，所持有異，而在周秦之際，通經致用之說未興，唯欲保殘守缺，以貽子孫，顧於世事無與。故荀卿譏之曰：鄙夫好其實，不恤其文，是以終身不免埤汙庸俗。故《易》曰：括囊，無咎無譽。腐儒之謂也。（見〈非相篇〉。）此云腐儒，即指當時之經師也。由今論之，則猶愈於漢世經師，言取青紫如拾芥，較之戰國儒家亦為少愈，以其淡於榮利云爾。

儒家之病，在以富貴利祿為心。蓋孔子當春秋之季，世卿秉政，賢路壅塞，故其作《春秋》也，以非世卿見志（公羊家及左氏家張敞皆有其說），其教弟子也，唯欲成就吏材，可使從政。而世卿既難猝去，故但欲假借事權，便其行事。是故終身志望，不敢妄希帝王，唯以王佐自擬。觀荀卿〈儒效篇〉云：大儒者，天子三公也。（楊注，其才堪王者之佐也。）小儒者，諸侯大夫士也。眾人者，工農商賈也。是則大儒之用，無過三公，其志亦云卑矣。孔子之譏丈人，謂之不仕無義。孟子、荀卿皆譏陳仲，一則以為無親戚君臣上下，一則以為盜名不如盜貨。（見《荀子·不苟篇》。）而荀子復述太公誅華仕事（見〈宥坐篇〉），由其不臣天子，不友諸侯（見《韓非子·外儲說》右上），是儒家之湛心榮利，較然可知。所以者何？苦心力學，約處窮身，必求得讎，而後意歉，故曰：「沽之哉！沽之哉！」不沽則吾道窮矣。

〈藝文志〉說儒家云，辟者隨時抑揚，違離道本，苟以譁眾取寵。不知譁眾取寵，非始辟儒，即孔子固已如是。莊周述盜跖之言曰：「魯國巧偽人孔丘，不耕而食，不織而衣，搖唇鼓舌，擅生是非，以迷天下之主。使天下學士，不反其本，妄作孝弟，而僥倖於封侯富貴者也。」此猶曰道家詆毀之言也，而微生畝與孔子同時，已譏其佞，則儒家之真可見矣。孔子干七十二君，已開遊說之端，其後儒家率多兼縱橫者。（見下。）其自為說曰：「無可無不可。」又曰：「可與立，未可與權。」又曰：「君子之中庸也，君子而時中。」孟子曰：「孔子，聖之時者也。」荀子曰：「君子時絀則絀，時伸而伸也。」（見〈仲尼篇〉。）然則孔子之教，唯在趨時，其行義從事而變，故曰「言不必信，行不必果」，如《墨子．非儒》下篇譏孔子曰：

孔子窮於陳、蔡之間，藜羹不糂十日，子路為烹豚，孔丘不問肉之所由來而食。褫人衣以酤酒，孔丘不問酒之所由來而飲。哀公迎孔丘，席不端弗坐，割不正弗食，子路進請曰：「何其與陳、蔡反也？」孔丘曰：「來！吾語汝！曩與汝為苟生，今與汝為苟義。」夫飢約，則不辭妄取以活身；贏飽，則偽行以自飾。汙邪詐偽，孰大於此。

其詐偽既如此。及其對微生畝也，則又以疾固自文，此猶叔孫通對魯兩生曰：「若真鄙儒不知時變也。」所謂中庸，實無異於鄉愿。彼以鄉愿為賊而譏之。夫一鄉皆稱愿人，此猶沒身里巷，不求仕宦者也。若夫縫衣淺帶，矯言偽行，以迷惑天下之主，則一國皆稱愿人。所謂中庸者，是國愿也，有甚於鄉愿者也。孔子譏鄉愿，而不譏國愿，其湛心利祿又可知也。

君子時中，時伸時絀，故道德不必求其是，理想亦不必求其是，唯期便於行事則可矣。用儒家之道德，故艱苦卓厲者絕無，而冒沒奔競者皆是。俗諺有云:「書中自有千鍾粟。」此儒家必至之弊。貫於徵辟、科舉、學校之世，而無乎不遍者也。用儒家之理想，故宗旨多在可否之間，論議止於函胡之地。彼耶穌教、天方教，崇奉一尊，其害在堵塞人之思想，而儒術之害，則在淆亂人之思想，此程、朱、陸、王諸家所以有權而無實也。雖然，孔氏之功則有矣，變禨祥群神怪之說而務人事，變疇人世官之學而及平民，此其功亦敻絕千古。二千年來，此事已屬過去，獨其熱中競進在耳。

次論道家。道家老子，本是史官，知成敗禍福之事，悉在人謀，故能排斥鬼神，為儒家之先導。（道家如老、莊輩皆無崇信鬼神之事，列子稍近神仙，亦非如漢世方士所為也。)《老子》「谷神不死，是謂玄牝」等語，未知何指。道士依傍其說，推為教祖，實於老子無與，亦以怵於利害，膽為之怯，故事事以卑弱自持。所云無為權首，將受其咎，人皆取先，己獨取後者，實以表其膽怯之徵。蓋前世伊尹、太公之屬（《漢·藝文志》道家有《伊尹》五十一篇，《太公》二百三十七篇），皆為輔佐，不為帝王。學老氏之術者，周時有范蠡，漢初有張良，其位置亦相類，皆惕然於權首之戒者也。孔子受學老聃，故儒家所希，只在王佐，可謂不背其師說矣。

老子非特不敢為帝王，亦不敢為教主。故云強梁者不得其死，吾將以為教父。大抵為教主者，無不強梁，如釋迦以勇猛無畏為宗，尊曰大雄，亦曰調御，而耶穌、穆罕默德輩，或稱帝子，或言天使，遇事奮迅，有愍不畏死之風，此皆強梁之最也。老子膽怯，自知不堪此任，故云「人之所教，我亦教之」，如是而已。然天下唯膽怯者權術亦多，蓋力不能取，而以智取，此事勢之必然也。老子云：「道法自然。」太史論老、莊諸子，以為歸於自然。自然者，道家之第一義諦，由其博覽史事，而知生存競爭，自然進化，故一切以放任為主。雖然，亦知放任之不可久也。群龍無首，必有以提倡之，又不敢以權首自居。是故去力任智，以詐取人，使彼樂於從我，故曰：善為道者，非以明民，將以愚之。弱之勝強，柔之勝剛，天下莫不知。老氏，學術，盡於此矣。

雖然，老子以其權術授之孔子，而徵藏故書，亦悉為孔子詐取。孔子之權術，乃有過於老子者。孔學本出於老，以儒道之形式有異，不欲崇奉以為本師（亦如二程子之學本出濂溪，其後反對佛老，故不稱周先生，直稱周茂叔而已。東原之學，本出婺原，其後反對朱子，故不稱江先生，直稱吾郡老儒江慎修而已），而懼老子發其覆也，於是說老子曰：烏鵲孺，魚傅沫，細要者化，有弟而兄啼。（見《莊子·天運篇》。意謂已述六經，學皆出於老子，吾書先成，子名將奪，無可如何也。）老子膽怯，不得不曲從其請。逢蒙殺羿之事，又其素所怵惕也。胸有不平，欲一舉發，而孔氏之徒，遍布東夏，吾言朝出，首領可以夕斷，於是西出函谷，知秦地之無儒，而孔氏之無如我何，則始著《道德經》以發其覆。借令其書早出，則老子必不免於殺身，如少正卯在魯，與孔子並，孔子之門，三盈三虛（見《論衡·講瑞篇》），猶以爭名致戮，而況老子之凌駕其上者乎！嗚呼！觀其師徒之際，忌刻如此，則其心術可知，其流毒之中人，亦可知已。

莊子晚出，其氣獨高，不憚抨彈前哲，憤奔走遊說之風，故作〈讓王〉以正之；惡智力取攻之事，故作〈胠篋〉以絕之。其術似與老子相同，其說乃與老子絕異，故〈天下篇〉歷敘諸家，已與關尹、老聃裂分為二。其褒之以至極，尊之以博大真人者，以其自然之說，為己所取法也。其裂分為二者，不欲以老子之權術自汙也。或謂子夏傳田子方，田子方傳莊氏，是故莊子之學，本出儒家，其說非是。莊子所述，如庚桑楚、徐無鬼、則陽之徒多矣，豈獨一田子方耶！以其推重子方，遂謂其學所出必在於是，則徐無鬼亦莊子之師耶？南郭子綦之說，為莊子所亟稱，彼亦莊子師耶？

次論墨家。墨家者，古宗教家，與孔、老絕殊者也。儒家公孟言無鬼神。（見《墨子·公孟篇》。）道家老子言以道蒞天下，其鬼不神，是故儒、道皆無宗教。儒家後有董仲舒，明求雨禳災之術，似為宗教。道家則由方士妄託，為近世之道教，皆非其本旨也。唯墨家出於清廟之守，故有〈明鬼〉三篇，而論道必歸於天志，此乃所謂宗教矣。兼愛、尚同之說，為孟子所非；非樂、節葬之義，為荀卿所駁。其實墨之異儒者，並不止此。蓋非命之說，為墨家所獨勝。儒家、道家，皆言有命，其善於持論者，神怪妖誣之事，一切可以摧陷廓清，唯命則不能破，如《論衡》有〈命祿〉、〈氣壽〉、〈幸遇〉、〈命義〉等篇是也。其〈命義篇〉舉儒、墨對辯之言曰：

墨家之論，以為人死無命。儒家之議，以為人死有命。言有命者，見子夏言「死生有命，富貴在天」。言無命者，聞歷陽之都，一宿沉而為湖。秦將白起，坑趙降卒於長平之下四十萬眾，同時皆死。春秋之時，敗績之事，死者數萬，屍且萬數，饑饉之歲，餓者滿道，溫氣疫癘，千戶滅門，如必有命，何其秦、齊同也？言有命者曰：夫天下之大，人民之眾，一歷陽之都，一長平之坑，同命俱死，未可怪也。命當溺死，故相聚於歷陽；命當壓死，故相積於長平。猶高祖初起，相工入豐、沛之邦，多封侯之人矣，未必老少男女俱貴而有相也。卓躒時見，往往皆然，而歷陽之都，男女俱沒，長平之坑，老少並陷，萬數之中，必有長命未當死之人，遭時衰微，兵革並起，不得終其壽。人命有長短，時有盛衰，衰則疾病被災蒙禍之驗也。宋、衛、陳、鄭，同日並災，四國之人，必有祿盛未當衰之人，然而俱災，國禍臨之也。故國命勝人命，壽命勝祿命。

凡言祿命而能成理者，以此為勝。

雖然，命者孰為之乎？命字之本，固謂天命。儒者既斥鬼神，則天命亦無可立。若謂自然之數，數由誰設，更不得其徵矣。然墨子之非命，亦僅持之有故，未能言之成理也。特以有命之說，使其偷惰，故欲絕其端耳。其〈非命〉下篇云：今天下之君子之為文學、出言談也，非將勤能其頰舌，而利其脣吻也，中實將欲其國家、邑里、萬民刑政者也。今王公大臣，若信有命而致行之，則必怠乎聽獄治政矣，卿大夫必怠乎治官府矣，農夫必怠乎耕稼樹藝矣，婦人必怠乎紡績織紝矣。是故非命者，不必求其原理，特謂於事有害而已。

夫儒家不信鬼神而言有命，墨家尊信鬼神而言無命，此似自相刺繆者。不知墨子之非命，正以成立宗教，彼之尊天右鬼者，謂其能福善禍淫耳。若言有命，則天鬼為無權矣。卒之盜跖壽終，伯夷餓夭，墨子之說，其不應者甚多，此其宗教所以不能傳久也。又凡建立宗教者，必以音樂莊嚴之具感觸人心，使之不厭。而墨子貴儉非樂，故其教不能逾二百歲。（秦漢已無墨者。）雖然，墨子之學，誠有不逮孔、老者，其道德則非孔、老所敢窺視也。

次論陰陽家。陰陽家亦屬宗教，而與墨子有殊觀。《墨子·貴義篇》云：子墨子北之齊，遇日者。日者曰：「帝以今日殺黑龍於北方，而先生之色黑，不可以北。」子墨子不聽，遂北至淄水，不遂而返焉。日者曰：「我謂先生不可以北。」子墨子曰：「南人不得北，北人不得南，其色有黑者，有白者，何故皆不遂也。且帝以甲乙殺青龍於東方，以丙丁殺赤龍於南方，以庚辛殺白龍於西方，以壬癸殺黑龍於北方，以戊己殺黃龍於中方。若用子之言，則是禁天下之行者也。」蓋墨家言宗教，以善惡為禍福之標準，陰陽家言宗教，以趨避為禍福之標準，此其所以異也。或疑《七略》以陰陽家錄入諸子，而「數術」自為一略，二者何以相異？答曰：以今論之，實無所異，但其理有淺深耳。蓋數術諸家，皆繁碎占驗之辭，而陰陽家則自有理論，如《鄒子》四十九篇、《鄒子終始》五十六篇、《鄒奭子》十二篇，觀《史記·孟荀列傳》

所述，鄒衍之說，窮高極深，非專術家之事矣。《南公》三十六篇，即言「楚雖三廬，亡秦必楚」者，是為豫言之圖讖，亦與常佔有異。如揚雄之《太玄》、司馬光之《潛虛》、邵雍之《皇極經世》、黃道周之《三易洞璣》，皆應在陰陽家，而不應在儒家六藝家，此與蓍龜形法之屬，高下固殊絕矣。

次論縱橫家。縱橫家之得名，因於從人橫人，以六國抗秦為從，以秦制六國為橫，其名實不通於異時異處。《漢志》所錄，漢有《蒯子》五篇、《鄒陽》七篇。蒯勸韓信以三分天下鼎足而居，鄒陽仕梁，值吳、楚昌狂之世，其書入於縱橫家，亦其所也。其他秦《零陵令信》一篇、《主父偃》二十八篇、《徐樂》一篇、《莊安〉一篇、《待詔倉馬聊蒼》一篇，身仕王朝，復何縱橫之有。然則縱橫者，遊說之異名，非獨外交顓對之事也。

儒家者流，熱中趨利，故未有不兼縱橫者，如《墨子·非儒》下篇記孔子事，足以明之：

孔丘之齊，見景公，景公欲封之以尼谿。晏子曰：「不可。」於是厚其禮，留其封，數見而不問其道，孔乃恚怒於景公與晏子，乃樹鴟夷子皮於田常之門，告南郭惠子以所欲焉。歸於魯。有頃間，齊將伐魯，告子貢曰：「賜乎，舉大事於今之時矣。」乃遣子貢之齊，因南郭惠子以見田常，勸之伐吳，以教高、國、鮑、晏，使毋得害田常之亂。

《越絕書》內傳〈陳成恆篇〉亦記此事云：子貢一出，存魯、亂齊、破吳、強晉、霸越。是則田常弒君，實孔子為之主謀，沐浴請討之事，明知哀公不聽，特藉此以自文。此為詐諼之尤矣。便辭利口，覆邦亂家，非孔子、子貢為之倡耶？《莊子·胠篋》云：田成子一旦殺齊君而盜其國，所盜者豈獨其國耶？並舉其聖知之法而盜之，故竊鉤者死，竊國者為諸侯，諸侯之門，而仁義存焉。此即切齒腐心於孔子之事也。

自爾以來，儒家不兼縱橫，則不能取富貴。余觀《漢志》儒家所列，有《魯仲連子》十四篇、《平原老》七篇、《陸賈》二十三篇、《劉敬》三篇、《終軍》八篇、《吾丘壽王》六篇、《莊助》四篇。此外，則有酈生，漢初謁者，稱為大儒。而其人皆善縱橫之術。其關於外交者，則魯仲連說辛垣衍，酈生說田橫，陸賈、終軍、嚴助諭南越是也。其關於內事者，則劉敬請都關中是也。吾丘壽王在武帝前，智略輻輳，傳中不言其事，壽王既與主父偃、徐樂、莊助同傳，其行事宜相似。而平原老朱建者，則為辟陽侯審食其事，遊說嬖人，其所為愈卑鄙矣。

縱橫之術，不用於國家，則用於私人，而持書求薦者，又其末流。曹丘通謁於季布，樓護傳食於五侯。降及唐世，韓愈以儒者得名，亦數數騰言當道，求為援手。乃知儒與縱橫，相為表裡，猶手足之相支、皮革之相附也。宋儒稍能自重。降及晚明，何心隱輩又以此術自豪。及滿洲而稱理學者，無不習捭闔，知避就矣。孔子稱達者察言觀色，慮以下人，聞者色取行違，居之不疑。由今觀之，則聞者與縱橫稍遠，而達者與縱橫最近，達固無以愈於聞也。程、朱末流，唯是聞者；陸、王末流，唯是達者。至於今日，所謂名臣大儒，則聞達兼之矣。若夫縱人橫人之事，則秦皇一統而後，業已滅絕，故《隋書・經籍志》中，唯存《鬼谷》三卷，而梁元帝所著《補闕子》與《湘東鴻烈》二書，不知其何所指也。

次論法家。法家者，略有二種，其一為術，其一為法。《韓非子・定法篇》曰：申不害言術，而公孫鞅為法。術者，因任而授官，循名而責實，操殺生之柄，課群臣之能者也。此人主之所執也。法者，憲令著於官府，刑罰必於民心，賞存乎慎法，而罰加乎奸令者也，此臣之所師也。然為術者，則與道家相近；為法者，則與道家相反。《莊子・天下篇》說慎到之術曰：椎拍輐斷，與物宛轉，推而後行，曳而後往，若飄風之還，若羽之旋，若磨石之隧，全而無非，動靜無過，未嘗有罪。此老子所謂聖人無常心，以百姓為心也。此為術者與道家相近也。老子言民不畏死，奈何以死懼之。太史公〈酷吏列傳〉亦引法令滋章、盜賊多有之說，而云法令者，治之具，而非制治清濁之源，此為法者與道家相反也。

亦有兼任術法者，則管子、韓非是也。《漢志》，《管子》列於道家，其〈心術〉、〈白心〉、〈內業〉諸篇，皆其術也，〈任法〉、〈法禁〉、〈重令〉諸篇，皆其法也。韓非亦然，〈解老〉、〈喻老〉，本為道家學說。少嘗學於荀卿，荀卿隆禮義而殺詩書，經禮三百，固周之大法也。韓非合此二家，以成一家之說，亦與管子相類。（唯《管子·幼官》諸篇，尚兼陰陽，而韓非無此者，則以時代不同也。）後此者唯諸葛亮專任法律，與商君為同類。故先主遺詔，令其子讀《商君書》(見裴松之《三國志注》引《諸葛亮集》)，知其君臣相合也。其後周之蘇綽、唐之宋璟，庶幾承其風烈。

然凡法家必與儒家、縱橫家反對，唯荀卿以儒家大師，而法家韓、李為其弟子，則以荀卿本意在殺詩書，固與他儒有別。韓非以法家而作〈說難〉，由其急於存韓，故不得不兼縱橫耳。其他則與儒家、縱橫家未有不反脣相稽者。《商君·外內篇》曰：奚為淫道，為辯知者貴，遊宦者任，文學私名顯之謂也。此兼拒儒與縱橫之說也。〈靳令篇〉曰：六蝨：曰禮樂，曰詩書，曰修善，曰孝弟，曰誠信，曰貞廉，曰仁義，曰非兵，曰羞戰。此專拒儒者之說也。《韓非·詭使篇》曰：守度奉量之士欲以忠嬰上而不得見，巧言利辭，行奸軌以幸偷世者數御。〈六反篇〉曰：遊居厚養，牟食之民也，而世尊之曰「有能之士」。曲語牟知，偽詐之民也，而世尊之曰「辯智之士」。此拒縱橫家之說也。〈五蠹篇〉曰：儒以文亂法，俠以武犯禁。〈顯學篇〉曰：藏書策，習談論，聚徒役，服文學而議說，世主必從而禮之。國平則養儒俠，難至則用介士，所養者非所用，所用者非所養，此所以亂也。此拒儒家之說也。〈五蠹篇〉曰：明主之國，無書簡之文，以法為教；無先王之語，以吏為師。此拒一切學者之說也。至漢公孫弘、董仲舒輩，本是經師。其時經師與儒已無分別。弘習文法吏事，而緣飾以儒術；仲舒為《春秋決獄》二百三十二事，以應廷尉張湯之問，儒家、法家，於此稍合。自是以後，則法家專與縱橫家為敵，嚴助、伍被，皆縱橫家，漢武欲薄其罪，張湯爭而誅之。主父偃亦縱橫家，漢武欲勿誅，公孫弘爭而誅之。而邊通學短長之術，亦卒譖殺張湯。諸葛治蜀，賞信必罰，彭羕、李嚴，皆縱橫之魁桀，故羕誅而嚴流。其於儒者，則稍稍優容之。蓋時詘則詘，能俯首帖耳於法家之下也。然儒家、法家、縱橫家，皆以仕宦榮利為心，唯法家執守稍嚴，臨事有效。儒家於招選茂異之世，則習為縱橫；於綜核名實之世，則毗於法律。縱橫是其本真，法律非所素學。由是儒者自恥無用，則援引法家以為己有。南宋以後，尊諸葛為聖賢，亦可閔已。然至今日，則儒、法，縱橫，殆將合而為一也。

次論名家。名家之說，關於禮制者，則所謂「刑名從商，爵名從周，文名從禮」也。關於人事百物者，則所謂「散名之加於萬物者，則從諸夏之成俗曲期」也。《莊子·天下篇》云：《春秋》以道名分，非特褒貶損益而已。《穀梁傳》曰：隕石於宋五，先隕而後石何也，隕而後石也。於宋四竟之內曰宋。後數，散辭也，耳治也。六鶂退飛過宋都。先數，聚辭也，目治也。石、鶂且猶盡其辭，而況於人乎說曰：隕石，記聞也，聞其磌然，視之則石，察之則五。六鶂退飛，記見也，視之則六，察之則鶂，徐而察之則退飛，是關於散名者也。凡正名者，亦非一家之術，儒、道、墨、法，必兼是學，然後能立能破，故儒有荀子〈正名〉，墨有〈經說〉上、下，皆名家之真諦，散在餘子者也。若惠施、公孫龍輩，專以名家著聞，而苟為鈲析者多，其術反同詭辯。故先舉儒家荀子〈正名〉之說，以徵名號。其說曰：

何緣而以同異？曰：緣天官。凡同類同情者，其天官之意物也同；故比方之疑似而通。是所以共其約名以相期也。形體色理，以目異；聲音清濁、調竽奇聲，以耳異；甘、苦、鹹、淡、辛、酸、奇味，以口異；香、臭、芬、鬱、腥、臊、灑、酸、奇臭，以鼻異；疾、養、滄、熱、滑、鈹、輕，重，以形體異。說、故、喜、怒、哀、樂、愛、惡、欲，以心異。心有徵知。徵知，則緣耳而知聲可也，緣目而知形可也，然而徵知必將待天官之當簿其類然後可也。五官簿之而不知，心徵之而無說，則人莫不然謂之不知，此所緣而以同異也。

然後隨而命之，同則同之，異則異之；單足以喻則單；單不足以喻則兼；單與兼無所相避則共，雖共，不為害矣。故萬物雖眾，有時而欲徧舉之，故謂之物。物也者，大共名也。推而共之，共則又共，至於無共然後止。有時而欲徧舉之，故謂之鳥獸。鳥獸者，大別名也。推而別之，別則又別，至於無別然後止。物有同狀而異所者，有異狀而同所者，可別也。狀同而為異所者，雖可合，謂之二實。狀變而實無別而為異者，謂之化；有化而無別，謂之一實。此事之所以稽實定數也。此制名之樞要也。

按此說同異何緣，曰緣天官。中土書籍少言緣者，故當徵之佛書。大凡一念所起，必有四緣：一曰因緣，識種是也；二曰所緣緣，塵境是也；三曰增上緣，助伴是也；四曰等無間緣，前念是也。緣者是攀附義。此云緣天官者，五官緣境，彼境是所緣緣，心緣五官見分，五官見分是增上緣，故曰緣耳而知聲可也，緣目而知形可也。五官非心不能感境，故同時有五，俱意識為五官，作增上緣。心非五官不能徵知，故復借五官見分為心作增上緣。五官感覺，唯是現量，故曰五官簿之而不知。心能知覺，兼有非量、比量，初知覺時，猶未安立名言，故曰心徵之而無說。徵而無說，人謂其不知，於是名字生焉。

大抵起心分位，必更五級：其一曰作意，此能警心令起；

二曰觸，此能令根（即五官）。境識三和合為一；三曰受，此能領納順違俱非境相；四曰想，此能取境分齊；五曰思，此能取境本因。作意與觸，今稱動向，受者今稱感覺，想者今稱知覺，思者今稱考察。初起名字，唯由想成，所謂口呼意呼者也。繼起名字，多由思成，所謂考呼者也。凡諸別名，起於取像，故由想位口呼而成。凡諸共名，起於概念，故由思位考呼而成。同狀異所，如兩馬同狀，而所據方分各異；異狀同所，如壯老異狀，而所據方分是同。不能以同狀異所者，謂為一物；亦不能以異狀同所者，謂為二物。然佛家說六種言論，有云眾法聚集言論者，謂於色、香、味、觸等事和合差別，建立宅舍，瓶衣車乘軍林樹等種種言論，有云非常言論者，或由加行，謂於金段等起諸加行，造環釧等異莊嚴具，金段言舍，環釧言生。或由轉變，謂飲食等於轉變時，飲食言舍便穢言生。（見《瑜伽師地論》。）然則同狀異所者，物雖異而名可同，聚集萬人，則謂之師矣。異狀同所者，物雖同而名可異，如卵變為雞，則謂之雞矣。荀子未言及此，亦其鑑有未周也。

次舉《墨經》以解因明。其說曰：

故所得而後成也。（〈經上〉。）小故有之不必然，無之必不然，體也若有端。大故有之必無然，若見之成見也。體若二之一，尺之端也。（〈經說上〉。）

荀子唯能制名，不及因名之術，要待墨子而後明之。何謂因明？謂以此因明彼宗旨。佛家因明之法，宗因喻三分為三支，於喻之中，又有同喻異喻。同喻異喻之上，各有合離之言詞，名曰喻體，即此喻語，名曰喻依，如云聲是無常（宗），所作性故（因），凡所作者，皆是無常，同喻如瓶。凡非無常者，皆非所作。異喻如太空。（喻。）墨子之「故」，即彼之「因」，必得此因，而後成宗，故曰「故所得而後成也」。小故大故，皆簡因喻過誤之言，云何小故，謂以此大為小之因。蓋凡「因」較宗之「後陳」，其量必減，如以所作成無常，而無常之中，有多分非所作者，若海市電光，無常起滅，豈必皆是所作。然凡所作者，則無一不是無常。是故無常量寬，所作量狹，今此同喻合詞。若云凡無常者，皆是所作，則有「倒合」之過，故曰「有之不必然」。謂有無常者，不必皆是所作也。然於異喻離詞，若云凡非無常者，皆非所作，則為無過，故曰「無之必不然」。謂無無常者，必不是所作也。以體喻寬量，以端喻狹量，故云「體也若有端」。云何大故？謂以此大為彼大之因。如云聲是無常不遍性，故不遍之與無常，了不相關，其量亦無寬狹。既不相關，必不能以不遍之因，成無常之宗，故曰「有之必無然」。二者同量，若見與見，若尺之前端後端，故曰「若見之成見也，體若二之一，尺之端也」。

近人或謂印度三支，即是歐洲三段。所云宗者，當彼斷按；所云因者，當彼小前提；所云同喻之喻體者，當彼大前提。特其排列逆順，彼此相反，則由自悟悟他之不同耳。然歐洲無異喻，而印度有異喻者，則以防其倒合，倒合則有減量換位之失。是故示以離法，而此弊為之消弭。村上專精據此以為因明法式長於歐洲。乃墨子於小故一條已能如此，是亦難能可貴矣。若雞三足、狗非犬之類，詭辯繁辭，今姑勿論。

次論雜家。雜家者，兼儒、墨，合名、法，見王治之無不貫，此本出於議官。彼此異論，非以調和為能事也。《呂氏春秋》、《淮南》內篇，由數人集合而成，言各異指，固無所害，及以一人為之，則漫羨無所歸心，此《漢志》所以譏為蕩者也。《韓非子．顯學篇》曰：墨者之葬也，冬日冬服，夏日夏服，桐棺三寸，服喪三月，世以為儉而禮之。儒者破家而葬，服喪三年，大毀扶杖，世以為孝而禮之。夫是墨子之儉，將非孔子之侈也；是孔子之孝，將非墨子之戾也。今孝、戾、儉、侈，俱在儒、墨，而上兼禮之。漆雕之議，不色撓，不目逃，行曲則違於臧獲，行直則怒於諸侯，世主以為廉而禮之。宋榮子之議，設不鬥爭，取不隨仇，不羞囹圄，見侮不辱，世主以為寬而禮之。夫是漆雕之廉，將非宋榮之恕也；是宋榮之寬，將非漆雕之暴也。今寬、廉、恕、暴，俱在二子，人主兼而禮之。自愚誣之學、雜反之辭爭而人主俱聽之；故海內之士，言無定術，行無常議。夫冰炭不同器而久，寒暑不兼時而至，雜反之學不兩立而治。今兼聽雜學繆行同異之舉，安得無亂乎？韓非說雖如是，然欲一國議論如合符節，此固必不可得者。學術進行，亦借互相駁難，又不必偏廢也。至以一人之言而矛盾自陷，俛仰異趨，則學術自此衰矣。東漢以來，此風最盛，章氏《文史通義》謂近人著作，無專門可歸者，率以儒家、雜家為蛇龍之菹，信不誣也。

次論農家。農家諸書，世無傳者，《氾勝之書》，時見他書徵引，與賈思勰之《齊民要術》、王楨之《農書》義趣不異。若農家止於如此，則不妨歸之方技，與醫經經方同列。然觀《志》所述云：「鄙者為之，以為無所事聖王，欲使君臣並耕，悖上下之序。」則許行所謂神農之言猶有存者。《韓非·顯學篇》云：今世之學士語治者，多曰：「與貧窮地，以實無資。」是即近世均地主義，斯所以自成一家歟！

次論小說家。周秦、西漢之小說，似與近世不同。如《周考》七十六篇、《青史子》五十七篇、《臣壽周紀》七篇、《虞初周說》九百四十三篇，與近世雜史相類，比於《西京雜記》、《四朝聞見錄》等，蓋差勝矣。賈誼嘗引《青史》，必非謬悠之說可知。如《伊尹說》二十七篇、《鬻子說》十九篇、

《宋子》十八篇、《待詔臣安成未央術》一篇，則其言又兼黃老。《莊子·天下篇》舉宋銒、尹文之術，列為一家，荀卿亦與宋子相難。今尹文入名家，而宋子只入小說，此又不可解者。以意揣之，宋子上說下教，強聒不捨（見《莊子·天下篇》），蓋有意於社會道德者。所列黃老諸家，宜亦同此。街談巷議，所以有益於民俗也。《笑林》以後，此指漸衰，非芻蕘之議矣。

上來所述諸子，凡得十家，而《漢志》稱九流者，彼云九家可觀，蓋小說特為附錄而已。就此十家論之，儒、道本同源而異流，與雜家、縱橫家合為一類，墨家、陰陽家為一類，農家、小說家為一類，法家、名家各自獨立，特有其相通者。

諸子略說

講論諸子，當先分疏諸子流別。論諸子流別者，《莊子·天下篇》、《淮南·要略訓》、太史公〈論六家要旨〉及《漢書·藝文志》是已。此四篇中，〈藝文志〉所述最備，而《莊子》所論多與後三家不同，今且比較而說明之。

〈天下篇〉論儒家，但云其在於《詩》、《書》、《禮》、《樂》者，鄒魯之士，搢紳先生多能明之，而不加批判。其論墨家，列宋鈃、尹文；而〈藝文志〉以宋鈃入小說家，以尹文入名家。蓋宋鈃以禁攻寢兵以外，以情欲寡淺為內，周行天下，上說下教，故近於小說；而尹文之名學，不尚堅白同異之辨，觭偶不仵之辭，故與相里勤、五侯之徒——南方之墨異趣。其次論彭蒙、田駢、慎到，都近法家；〈藝文志〉則以慎到入法家，以田駢入道家，是道家、法家合流也。田駢當時號為天口駢，今《尹文子》又有彭蒙語，是道家、名家合流也。道家所以流為法家者，即老子、韓非同傳可以知之。《老子》云：「魚不可脫於淵，國之利器不可以示人。」此二語是法家之根本，唯韓非能解老、喻老，故成其為法家矣。其次論老聃、關尹同為道家，而己之道術又與異趣。蓋老子之言，鮮有超過人格者，而莊子則上與造物者遊，下與外死生、無終始者為友，故有別矣。惠施本與莊周相善，而莊子譏之曰：「由天地之道，觀惠施之能，其猶一蚊一虻之勞，與物何庸？」即此可知尹文、惠施同屬名家，而莊子別論之故。蓋尹文之名，不過正名之大體，循名責實，可施於為政，與荀子正名之旨相同；若惠施、公孫龍之詭辯，與別墨一派，都無關於政治也。然則莊子之論名家，視〈藝文志〉為精審矣。其時荀子未出，故不見到錄。若鄧析者，變亂是非，民獻襦褲而學訟，殆與後世訟師一流，故莊子不屑論及之歟？

〈要略〉首論太公之謀為道家，次論周、孔之訓為儒家，又次論墨家，又次論管子之書為道家，晏子之諫為儒家，又次論申子刑名之書、商鞅之法為法家。比於〈天下篇〉，獨少名家一流。

太史公論六家要指，於陰陽、儒、墨、名、法五家，各有短長，而以黃老之術為依歸。此由身為史官，明於成敗利鈍之效，故獨有取於虛無因循之說也。昔老聃著五千言，為道家之大宗，固嘗為柱下史矣。故曰道家者流，出於史官。

〈藝文志〉列九流，其實十家。其縱橫家在七國力政之際，應運而起，統一之後，其學自廢。農家播百穀、勸耕桑，則《呂覽》亦載其說；至於君臣並耕，如孟子所稱許行之學，殆為後出，然其說亦不能見之實事。雜家集他人之長，以為己有，《呂覽》是已；此在後代，即《群書治要》之比，再擴充之，則「圖書整合」亦是也。小說家街談巷議，道聽塗說，固不可盡信；然宋銒之流，亦自有其主張，虞初九百，則後來方志之濫觴。是故縱橫、農、雜、小說四家，自史公以前，都不數也。

雖然，縱橫之名，起於七國。外交專對，自春秋已重之。又氾勝之區田之法，本自伊尹，是伊尹即農家之發端。田蚡所學盤盂書，出自孔甲，是孔甲即雜家之發端。方志者，《周官》土訓、誦訓之事。今更就〈藝文志〉所言九流所從出而推論之。

〈藝文志〉云：儒家出於司徒之官。此特以周官司徒掌邦教，而儒者主於明教化，故知其源流如此。又云道家出於史官者，老子固嘗為柱下史，伊尹、太公、管子，則皆非史也；唯管子下令如流水之原，令順民心，論卑而易行，此誠合於道家南面之術耳。又云墨家出於清廟之守者，墨家祖尹佚，〈洛誥〉言：「烝祭文王、武王，逸祝冊。」逸固清廟之守也。又《呂覽》云：「魯惠公使宰讓請郊廟之禮於天子，桓王使史角往，惠公止之，其後在於魯，墨子學焉。」是尤為墨學出於清廟之確證。又云，名家出於禮官。此特就名位禮數推論而知之。又云法家出於理官者，理官莫尚於皋陶。皋陶曰：「予未有知，思曰贊贊襄哉！」此頗近道家言矣。贊者，老子所稱輔萬物之自然而不敢為也；襄者，因也，即老子所稱聖人無常心，以百姓心為心也。莊子稱慎到無用賢聖、塊不失道，此即理官引律斷案之法矣。然〈藝文志〉法家首列李悝，以悝作《法經》，為後來法律之根本。自昔夏刑三千，周刑二千五百，皆當有其書，子產亦鑄刑書，今悉不可見，獨《法經》六篇，蕭何廣之為九章，遂為歷代刑法所祖述。後世律書，有名例，本於曹魏之刑名法例，其原即《法經》九章之具律也。持法最重名例，故法家必與名家相依。又云：陰陽家出於羲和之官。今案，管子稱述陰陽之言頗多，《左傳》載萇弘之語，亦陰陽家言也。又云：農家出於農稷之官。此自不足深論。又云縱橫家出於行人之官者，此非必行人著書傳之後代，特外交成案，有可稽考者爾。〈張儀傳〉稱儀與蘇秦俱事鬼谷先生學術。《風俗通》云：「鬼谷先生，六國時縱橫家。」更不知鬼谷之學何從受之。又云雜家出於議官者，漢官有議郎，即所謂議官也，於古無徵。又云小說家出於稗官者，如淳曰：「王者欲知閭巷風俗，故立稗官，使稱說之。」是稗官為小官近民者。

諸子之起，孰先孰後，史公、劉、班都未論及，《淮南》所敘，先後倒置，亦不足以考時代。今但以戰國諸家為次，則儒家宗師仲尼，道家傳於老子，此為最先。墨子或曰並孔子時，或曰在其後。案墨子亟說魯陽文子，當楚惠王時。惠王之卒，在魯悼公時。蓋墨子去孔子亦四五十年矣。觀墨子之論辯，大抵質樸遲鈍，獨經說為異。意者，經說別墨所傳，又出墨子之後。法家李悝，當魏文侯時；名家尹文，當齊宣王時；陰陽家騶衍，當齊湣王、燕昭王時，皆稍稍晚出。縱橫家蘇秦，當周顯王時；小說家淳于髡，當梁惠王時：此皆與孟子並世者。雜家當以《呂覽》為大宗，《呂覽》集諸書而成，備論天地萬物古今之事。蓋前此無呂氏之權勢者，亦無由辦此。

然更上徵之春秋之世，則儒家有晏子，道家有管子，墨家則魯之臧氏近之。觀於哀伯之諫，首稱清廟，已似墨道；及文仲縱逆祀、祀爰居，則明鬼之效也；妾織蒲則節用之法也。武仲見稱聖人，蓋以鉅子自任矣。至如師服之論名，即名家之發端。子產之鑄刑書，得法家之大本；其存鄭於晉楚之間，則亦盡縱橫之能事。若燭之武之退秦師，是純為縱橫家。梓慎、裨灶，皆知天道，是純為陰陽家。蔡墨之述畜龍，蓋近於小說矣。唯農家、雜家，不見於春秋。

以上論九流大旨。今復分別論之，先論儒家：

《漢書·藝文志》謂儒家出於司徒之官，大旨是也。《周禮·大司徒》以鄉三物教萬民六德、六行、六藝。六德者，智、仁、聖、義、中、和，此為普遍之德，無對象。六行者，孝、友、睦、婣、任、恤，此為各別之行，有對象（如孝對父母、友對兄弟、睦婣對戚黨、任恤對他人）。六藝者，禮、樂、射、御、書、數，禮樂不可斯須去身，射御為體育之事，書數則尋常日用之要，於是智育、德育、體育俱備。又師氏以三德教國子，日，至德以為道本，敏德以為行本，孝德以知逆惡。蓋以六德、六行概括言之也。又，大司徒以五禮防萬民之偽而教之中，以六樂防萬民之情而教之和；大司樂以樂德教國子：中和、祗庸、孝友。大宗伯亦稱中禮和樂。可知古人教士，以禮樂為重。後人推而廣之，或云中和，或云中庸。孔子日：「中庸之為德，其至矣乎，民鮮能久矣。」中庸聯稱，不始於子思，至子思乃謂：「喜怒哀樂之未發謂之中，發而皆中節謂之和。」其始殆由中和、祗庸、孝友一語出也。

儒者之書，《大學》是至德以為道本（明明德止於至善，至德也），〈儒行〉是敏德以為行本，《孝經》是孝德以知逆惡，此三書實儒家之總持。劉、班言儒家出於司徒之官，固然。然亦有出於大司樂者，中庸二字是也。以儒家主教化，故謂其源於教官。

《荀子・儒效》稱周公為大儒，然則儒以周公為首，《周禮》云：「師以賢得民，儒以道得氏。」師之與儒殆如後世所稱經師、人師。師以賢得民者，鄭注謂以道行教民；儒以道得民者，鄭注謂以六藝教民。此蓋互言之也。

儒之含義綦廣。《說文》：「儒，柔也。術士之稱。」術士之義亦廣矣，草昧初開，人性強暴，施以教育，漸漸摧剛為柔。柔者，受教育而馴擾之謂，非謂儒以柔為美也。受教育而馴擾，不唯儒家為然，道家、墨家未嘗不然，等而下之，凡宗教家莫不皆然，非可以專稱儒也。又《莊子·說劍》:「先生必儒服而見王，事必大逆。」莊子道家，亦服儒服。司馬相如〈大人賦〉:「列仙之儒，居山澤間，形容甚臞。」仙亦可稱為儒。而《弘明集》復有九流皆儒之說，則宗教家亦可稱儒矣。今所論者，出於司徒之儒家，非廣義之術士也。

周公、孔子之間，有儒家乎？曰：有。晏子是也。柳子厚稱晏子為墨家，余謂晏子一狐裘三十年，尚儉與墨子同，此外皆不同墨道。春秋之末，尚儉之心，人人共有，孔子云:「禮，與其奢也，寧儉。」老子有三寶，二曰儉。蓋春秋時繁文縟禮，流於奢華，故老、墨、儒三家，皆以儉為美，不得謂尚儉即為墨家也。且晏子祀其先人，豚肩不掩豆。墨家明鬼，而晏子輕視祭祀如此，使墨子見之，必顰蹙而去。墨子節葬，改三年服為三月服，而晏子喪親盡禮，亦與墨子相反。可見晏子非墨家也。又儒家慎獨之言，晏子先發之，所謂「獨立不慚於影，獨寢不慚於魂」是也。當時晏子與管子並稱，晏之功不如管，而人顧並稱之，非晏以重儒學而何？故孔子以前，周公之後，唯晏子為儒家。蘧伯玉雖似儒家，而不見有書，無可稱也。

孔子之道，所包者廣，非晏子之比矣。夫儒者之業，本不過大司徒之言，專以修己、治人為務。《大學》、〈儒行〉、

《孝經》三書，可見其大概。然《論語》之言，與此三書有異。孔子平居教人，多修己、治人之言；及自道所得，則不限於此。修己、治人，不求超出人格；孔子自得之言，蓋有超出人格之外者矣。子絕四：毋意、毋必、毋固、毋我。毋意者，意非意識之意，乃佛法之意根也。有生之本，佛說謂之阿賴耶識。阿賴耶無分彼我，意根執之以為我，而其作用在恆審思量。有意根即有我，有我即墮入生死。顛狂之人，事事不記，唯不忘我。常人作止語默，絕不自問誰行誰說，此即意根之力。欲除我見，必先斷意根。毋必者，必即恆審思量之審。毋固者，固即意根之念念執著。無恆審思量，無念念執著，斯無我見矣。然則絕四即是超出三界之說。六朝僧人好以佛老孔比量，謂老孔遠不如佛；玄奘亦云。皆非知言之論也。(然此意以之講說則可，以之解經則不可。何者？講說可以通論，解經務守家法耳。)

儒者之業，在修己、治人。以此教人，而不以此為至。孔門弟子獨顏子聞克己之說。克己者，破我執之謂。孔子以四科設教，德行：顏淵、閔子騫、冉伯牛、仲弓。然孔子語仲弓，僅言「出門如見大賓，使民如承大祭」而已。可知超出人格之語，不輕告人也。顏子之事不甚著，獨莊子所稱心齋、坐忘，能傳其意。然《論語》記顏子之語曰：「仰之彌高，鑽之彌深。瞻之在前，忽焉在後。」蓋顏子始猶以為如有物焉，卓然而立。經孔子之教，乃謂「如有所立卓爾，雖欲從之，末由也已。」(「如」當作假設之辭，不訓似。)此即本來無物，無修無得之意。然老子亦見到此，故云「上德不德，是以有德；下德不失德，是以無德」。「德」者「得」也。有所得非也，有所見亦非也。楊子雲則見不到此，故云顏苦孔子卓。實則孔顏自道之語，皆超出人格語。孟子亦能見道，故有「望道而未之見」語。既不見則不必望，而猶曰望者，行文不得不爾也。孔子曰：「吾有知乎哉？無知也。」此亦非謙詞。張橫渠謂「洪鐘無聲，待叩乃有聲；聖人無知，待問乃有知」。其實答問者有依他心，無自依心。待問而知之知，非真知也，依他而為知耳。佛法謂一念不起，此即等於無知。人來問我，我以彼心照我之心，據彼心而為答，烏得謂之有知哉？橫渠待問有知之語猶未諦也。佛法立人我、法我二執：覺自己有主宰，即為人我執；信佛而執著佛，信聖人而執著聖人，即為法我執，推而至於通道而執著道，亦法我執也。絕四之說，人我、法我俱盡。「如有所立卓爾，雖欲從之，末由也已」者，亦除法我執矣。此等自得之語，孔顏之後，無第三人能道(佛、莊不論)。

子思之學，於佛注入天趣一流。超出人格而不能斷滅，此之謂天趣。其書發端即曰「天命之謂性」，結尾亦曰「與天地參，上天之載，無聲無臭」。佛法未入中土時，人皆以天為絕頂。佛法既入，乃知天尚非其至者。謝靈運言：成佛生天，居然有高下。如以佛法衡量，子思乃中國之婆羅門。婆羅門者，崇拜梵天王者也。然猶視基督教為進。觀基督教述馬利亞生耶穌事，可知基督教之上常，乃欲界天，與漢儒所稱感生帝無別。（佛法所謂三界者：無色界天、色界天、欲界天。欲界天在人之上而在色界天之下）而子思所稱之「無聲無臭」，相當於佛法之色界天，適與印度婆羅門相等。子思之後有孟子。孟子之學，高於子思。孟子不言天，以我為最高，故日「萬物皆備於我」。孟子覺一切萬物，皆由我出。如一轉而入佛法，即三界皆由心造之說，而孟子只是數論。數論立神我為最高，一切萬物，皆由神我流出。孟子之語，與之相契，又日「反身而誠，樂莫大焉」者，反觀身心，覺萬物確然皆備於我，故為可樂。孟子雖不言天，然仍入天界。蓋由色界而入無色界天。較之子思，高出一層耳。夫有神我之見者，以我為最尊，易起我慢。孟子生平誇大，說大人則藐之。又云「我善養吾浩然之氣，至大至剛，以直養而無害，塞乎天地之間」。其我慢如此。何者？有神我之見在，不自覺其誇大耳。以故孟子之學，較孔顏為不逮。要之，子思、孟子均超出人格，而不能超出天界，其所得與婆羅門、數論相等。然二家於修己治人之道，並不拋棄，則異於婆羅門、數論諸家。子思作《中庸》，孟子作七篇，皆論學而及政治者也。子思、孟子既入天趣，若不轉身，必不能到孔、顏之地，唯莊子為得顏子之意耳。

荀子語語平實，但務修己治人，不求高遠。論至極之道，固非荀子所及。荀子最反對言天者，〈天論〉云：「聖人不求知天。」又云：「星墜木鳴，日月有蝕，怪星常見，牛馬相生，六畜為妖：怪之，可也；畏之，非也。」揆荀子之意，蓋反對當時陰陽家一流（鄒衍之說及後之〈洪範五行傳〉一流）。其意以為天與人實不相關。

〈非十二子〉云：「案往舊造說，謂之五行。子思唱之，孟軻和之。」今案：孟子書不見五行語，《中庸》亦無之。唯〈表記〉（〈表記〉、〈坊記〉、《中庸》、〈緇衣〉皆子思作）有水尊而不親、土親而不尊、天尊而不親、命親而不尊、鬼尊而不親諸語。子思五行之說，殆即指此。（《漢書‧藝文志》：《子思》二十三篇。今存四篇，見戴記。餘十九篇不可見，其中或有論五行語。）孟子有外書，今不可見，或亦有五行語。荀子反對思、孟，即以五行之說為的。蓋荀子專以人事為重，怪誕之語（五行之說，後鄒衍輩所專務者），非駁盡不可也。漢儒孟、荀並尊，余謂如但尊荀子，則〈五行傳〉、緯書一流不致囂張。今人但知陰陽家以鄒衍為首，察荀子所云，則陰陽家乃儒家之別流也。（〈洪範〉陳說五行而不及相生相剋，〈周本紀〉武王問箕子殷所以亡，箕子不忍言殷惡，武王亦醜，故問以天道。據此知〈洪範〉乃箕子之閒話耳。漢文帝見賈生於宣室，不問蒼生問鬼神。今賈生之言不傳，或者史家以為無關宏旨，故闕而不書。當時武王見箕子心情慚疚，無話可說，乃問天道。箕子本陽狂，亦妄稱以應之。可見〈洪範〉在當時並不著重，亦猶賈生宣室之對也。漢儒附會，遂生許多怪誕之說。如荀子之說早行，則〈五行傳〉不致流衍。）墨子時子思已生、鄒衍未出。《墨經》有「五行無常勝，說在宜」一語。而鄒衍之言，以五勝為主。五勝者，五行相勝：水勝火、火勝金、金勝木、木勝土、土勝水也。然水火間承之以釜，火何嘗不能勝水？水大則懷山襄陵，土又何嘗能勝水？墨子已言「五行無常勝」，而孟子、鄒衍仍有五行之說，後乃流為讖緯，如荀子不斥五行，墨家必起而斥之。要之，荀子反對思、孟，非反對思、孟根本之學，特專務人事，不及天命，即不主超出人格也。

荀子復言隆禮樂（或作儀），殺《詩》、《書》，此其故由於孟子長於《詩》、《書》，而不長於禮。（孟子曰：「諸侯之禮，吾未之學也。」）墨子時引《詩》、《書》（引《書》多於孟子）而反對禮樂。荀子偏矯，純與墨家相反。此其所以隆禮樂，殺《詩》、《書》也。（〈非十二子〉反對墨家最甚，寧可少讀《詩》、《書》，不可不尊禮樂，其故可知。）其所以反對子思、孟子者，子思、孟子皆有超出人格處，荀子所不道也。

若以政治規模立論，荀子較孟子為高。荀子明施政之術，孟子僅言五畝之宅樹之以桑，使民養生送死無憾而已。由孟子此說，乃與龔遂之法相似，為郡太守固有餘，治國家則不足，以其不知大體，僅有農家之術爾。又孟子云：「堯舜性之也、湯武反之也、五霸假之也。」又謂：「仲尼之門無道桓文之事者。」於五霸甚為輕蔑。荀子則不然，謂義立而王、信立而霸、權謀立而亡，於五霸能知其長處。又〈議兵〉云：「齊之技擊，不可以遇魏氏之武卒；魏氏之武卒，不可以遇秦之銳士；秦之銳士，不可以當桓文之節制；桓文之節制，不可以敵湯武之仁義。」看來層次分明，不如孟子一筆抹殺。余謂〈議兵〉一篇，非孟子所能及。

至於性善、性惡之辯，以二人為學入門不同，故立論各異。荀子隆禮樂而殺《詩》、《書》，孟子則長於《詩》、《書》。孟子由詩入，荀子由禮入。詩以道性情，故云人性本善；禮以立節制，故云人性本惡。又，孟子鄒人，鄒魯之間，儒者所居，人習禮讓，所見無非善人，故云性善；荀子趙人，燕趙之俗，杯酒失意，白刃相讎，人習凶暴，所見無非惡人，故云性惡。且孟母知胎教，教子三遷，孟子習於善，遂推之人性以為皆善；荀子幼時教育殆不如孟子，自見性惡，故推之人性以為盡惡。

孟子論性有四端：惻隱為仁之端、羞惡為義之端、辭讓為禮之端、是非為智之端。然四端中獨辭讓之心為孩提之童所不具，野蠻人亦無之。荀子隆禮，有見於辭讓之心，性所不具，故云性惡，以此攻擊孟子，孟子當無以自解。然荀子謂禮義辭讓，聖人所為。聖人亦人耳，聖人之性亦本惡，試問何以能化性起偽？此荀子不能自圓其說者也。反觀孟子既云性善，亦何必重視教育，即政治亦何所用之。是故二家之說俱偏，唯孔子「性相近、習相遠」之語為中道也。

揚子雲迂腐，不如孟荀甚遠，然論性謂善惡混，則有獨到處。於此亦須採佛法解之，若純依儒家，不能判也。佛法阿賴耶識，本無善惡。意根執著阿賴耶為我，乃生根本四煩惱：我見、我痴、我愛、我慢是也。我見與我痴相長，我愛與我慢相制。由我愛而生惻隱之心，由我慢而生好勝之心。孟子有見於我愛，故云性善；荀子有見於我慢，故云性惡；揚子有見於我愛、我慢交至為用，故云善惡混也。

孟、荀、揚三家，由情見性，此乃佛法之四煩惱。佛家之所謂性，渾沌無形，則告子所見無善無不善者是矣。揚子生孟、荀之後，其前尚有董仲舒。仲舒謂人性猶穀，穀中有米，米外有糠。是善惡之說，仲舒已見到，子雲始明言之耳。子雲之學，不如孟、荀，唯此一點，可稱後來居上。

然則論自得之處，孟子最優，子思次之，而皆在天趣。荀子專主人事，不備超出人格，則但有人趣。若論政治，則荀子高於思、孟。子雲投閣，其自得者可知。韓昌黎謂孟子醇乎醇，荀與揚大醇而小疵，其實，揚不如荀遠甚。孟疏於禮，我慢最重，亦未見其醇乎醇也，司馬溫公注《太玄》、《法言》，欲躋揚子於孟、荀之上。夫孟、荀著書，不事摹擬，揚則摹擬太甚，絕無卓然自立之處，若無善惡混一言，烏可與孟、荀同年而語哉！溫公所云，未免阿其所好。至於孔、顏一路，非唯漢儒不能及，即子思、孟子亦未能步趨，蓋遜乎遠矣。以上略論漢以前之儒者。

論漢以後之儒家，不應從宋儒講起，六朝隋唐亦有儒家也。概而言之，須分兩派：一則專務修己治人，不求高遠；一則顧亭林所譏明心見性之儒是矣。（明心見性，亭林所以譏陽明學派者，唯言之太過，不如謂盡心知性為妥。）修己治人之儒，不求超出人格；明心見性，則超出人格矣。

漢以後專論修己治人者，隋唐間有文中子王通（其人有無不可知，假定為有），宋有范文正（仲淹）、胡安定（瑗）、徐仲車（積），南宋有永嘉派之薛士龍（季宣）、陳止齋（傅良）、葉水心（適），金華派之呂東萊（祖謙），明有吳康齋（與弼、白沙、陽明，均由吳出）、羅一峰（倫），清有顧亭林（炎武）、陸桴亭（世儀。稍有談天說性語）、顏習齋（元）、戴東原（震）。此數子者，學問途徑雖不同（安定修己之語多，治人之語少；仲車則專務修己，不及治人；永嘉諸子偏重治人，東萊亦然；習齋兼備二者，東原初意亦如此，唯好駁斥宋人，致入棘叢)，要皆以修己治人為歸，不喜高談心性。此派蓋出自荀子，推而上之，則曾子是其先師。

明心見性之儒，首推子思、孟子。唐有李習之（翱），作〈復性書〉，大旨一依《中庸》。習之曾研習禪宗。一日，問僧某「『黑風吹墮鬼國』，此語何謂？」僧呵曰：「李翱小子，問此何為？」習之不覺怒形於色，僧曰：「此即是『黑風吹墮鬼國』。」今觀〈復性書〉雖依《中庸》立論，其實陰襲釋家之旨。宋則周濂溪（敦頤）開其端。濂溪之學本於壽涯。濂溪以為儒者之教，不應羼雜釋理。壽涯教以改頭換面，又授以一偈，云：「有物先天地，無形本寂寥，能為永珍主，不逐四時凋。」(此詩語本《老子》「有物混成，先天地生。寂兮寥兮，獨立而不改，周行而不殆，可以為天下母。吾不知其名，強字之曰道」一章。「有物先天地」，即「有物混成，先天地生」也；「無形本寂寥」，即「寂兮寥兮」也；「能為永珍主，不逐四時凋」，即「獨立不改，周行不殆，可以為天下母」也。壽涯不以佛法授濂溪，而採《老子》，不識何故。)後濂溪為《太極圖說》、《通書》，更玄之又玄矣。張橫渠（載）《正蒙》之意，近於回教。橫渠陝西人，唐時景教已入中土，陝西有大秦寺，唐時立，至宋嘉祐時尚在，故橫渠之言，或有取於彼。其云「清虛一大之謂天」，似回教語；其云「民吾同胞、物吾與也」，則似景教。人謂《正蒙》之旨，與墨子兼愛相同。墨子本與基督教相近也。然橫渠頗重禮教，在鄉擬興井田，雖雜景教、回教意味，仍不失修己治人一派之旨。此後有明道（程顥）、伊川（程頤），世所稱二程子者。伊川天資不如明道，明道平居燕坐，如泥塑木雕（此非習佛家之止觀，或如佛法所稱有宿根耳），受濂溪之教，專尋孔顏樂處，一生得力，從無憂慮，實已超出人格，著〈定性書〉，謂不須防檢窮索，自能從容中道。以佛法衡之，明道殆入四禪八定地矣。楊龜山（時）、李延平（侗）傳之。數傳而為朱晦庵（熹）。龜山取佛法處多，天資高於伊川，然猶不逮謝上蔡（良佐）。上蔡為二程弟子天資最高者。後晦庵一派，不敢採取其說，以其近乎禪也。龜山較上蔡為有範圍，延平範圍漸小。迨晦庵出，爭論乃起，時延平以默坐、澄心、體認、天理教晦庵（此亦改頭換面語，實即佛法之止觀）。晦庵讀書既多，言論自富，故陸象山（九淵）、王陽明（守仁）譏為支離。陽明有朱子晚年定論之說，據與何叔京一書（書大意謂，但因良心發現之微，猛省提撕，使心不昧，即為學者下功夫處），由今考之，此書乃晦庵三十四歲時作，非真晚年。晚年定論，乃陽明不得已之語，而東原非之，以為墮入釋氏。陽明以為高者，東原反以為歧。實則晦庵恪守師訓，唯好勝之心不自克，不得不多讀書，以資雄辯。雖心知其故，而情不自禁也。至無極、太極之爭，非二家學問之本，存而不論可矣。（象山主太極之上無無極，晦庵反之，二人由是哄爭。晦庵謂如日未然，則各尊所聞，各行所知;象山答云，通人之過雖微，針藥久當自悟。蓋象山稍為和平矣。）

宋儒出身仕宦者多，微賤起家者少。唯象山非簪纓之家(象山家開藥肆)，其學亦無師承。常以為二程之學，明道疏通，伊川多障。晦庵行輩，高出象山，論學則不逮。象山主先立乎其大者(宋人為學，入手之功，各有話頭:濂溪主靜，伊川以後主敬，象山則謂先立乎其大者)，不以解經為重，謂「六經注我，我不注六經」。顧經籍爛熟，行文如漢人奏議，多引經籍，雖不如晦庵之盡力注經，亦非棄經籍而不讀也。其徒楊慈湖(慈湖成進士為富陽主簿時，象山猶未第。至富陽，慈湖問「何謂本心」?象山曰:「君今日所斷扇訟，彼訟扇者必有一是、有一非，若見得孰是孰非即決定為某甲是某乙非，非本心而何？」慈湖亟問曰:「止如斯耶？」象山厲聲答曰:「更何有也！」慈湖退，拱坐達旦，質明納拜，遂稱弟子)作〈絕四記〉，多參釋氏之言，然以意為意識，不悟其為意根，則於佛法猶去一間。又作〈己易〉，以為易之訊息，不在物而在己，己即是易。又謂衣冠禮樂、取妻生子，學周公孔子，知其餘不學周孔矣。既沒，弟子稱之曰「圓明祖師」(不知慈湖自稱抑弟子尊之云爾)。宋儒至慈湖，不諱佛如此。然猶重視禮教，無明人猖狂之行。蓋儒之有禮教，亦猶釋之有戒律。禪家呵佛罵祖，猖狂之極，終不失僧人戒律。象山重視禮教，弟子飯次交足，諷以有過。慈湖雖語言開展，亦守禮唯謹，故其流派所衍，不至如李卓吾輩之披猖也。

明儒多無師承，吳康齋與薛敬軒（瑄）同時，敬軒達官，言語謹守矩矱，然猶不足謂為修己治人一流。英宗復辟，于謙凌遲處死，敬軒被召入議，但謂三陽發生，不可用重刑，詔減一等。凌遲與斬，相去幾何？敬軒於此固當力爭，不可則去，烏得依違其間如此哉（此事後為劉蕺山所斥）？康齋父溥與解縉、王艮、胡廣比舍居，燕兵薄京城，城陷前一夕皆集溥舍，縉陳說大義，廣亦奮激慷慨，艮獨流涕不言。三人去，康齋尚幼，嘆曰:「胡叔能死，是大佳事。」溥曰:「不然，獨王叔死耳。」語未畢，隔牆聞廣呼外喧甚：謹視豚！溥顧曰：「一豚尚不能捨，肯捨生乎？」然己亦未嘗死節。（右吳溥事見《明史・王艮傳》，乃沈君般阿〔名元焉，金大附中圖書館主任〕所舉正，附設以申感謝。編者謹識。）康齋之躬耕不仕，殆以此故。敬軒之學不甚廣傳，而康齋之傳甚廣（陳白沙獻章即其弟子；又有婁一齋諒以其學傳陽明。白沙之學傳湛甘泉若水。其後，兩家之傳最廣，皆自康齋出也）。康齋安貧樂道，無超過人格語。白沙講學，不作語錄，不講經，亦無論道之文。唯偶與人書，或託之於詩，常稱曾點浴沂風雩之美，而自道功夫，則謂靜中養出端倪（端倪一語，劉蕺山謂為含胡。其實孟子有四端之說，四端本不甚著，故須靜中養之）。亦復時時靜坐，然猶不足以擬佛法，蓋與四禪八定近耳。弟子湛甘泉（若水），與陽明同時。陽明成進士，與甘泉講學，甚相得，時陽明學未成也。陽明幼時，嘗與鐵柱宮道士交契，三十服官之後，入九華山，又從道士蔡蓬頭問道。乃為龍陽驛丞，憂患困苦之餘，忽悟知行合一之理。謂宋儒先知後行，於事未當。所謂「如惡惡臭」、「如好好色」，即知即行，非知為好色而後好之，知為惡臭而後惡之也。其致良知之說，在返自龍場之後。以為昔人之解致知格物，非唯朱子無當，司馬溫公輩亦未當（溫公以格為格殺勿論之格。然物來即格之，唯深山中頭陀不涉人事者為可，非所語於常人也）。朱子以窮知事物之理為格物（宋人解格物者均有此意，非朱子所創也），陽明初信之，格竹三日而病，於是斥朱子為非是。朱子之語，包含一切事物之理，一切事物之理，原非一人之知所能盡，即格竹不病，亦與誠意何關，以此知陽明之斥朱子為不誤。然陽明以為格當作正字解。格物者，致良知以正物。物即心中之念，致良知，則一轉念間，知其孰善孰惡，去其惡，存其善，斯意無不誠。余謂陽明之語雖踔，顧與《大學》原文相反。《大學》謂物格而後致知，非謂致知而後物格。朱子改竄《大學》，陽明以為應從古本。至解格物致知，乃顛倒原文，又豈足以服朱之心哉（後朱派如呂涇野柟輩謂作止語默皆是物，實襲陽明之意而引申之。顧亭林謂「為人君止於仁、為人臣止於敬、為人子止於孝、為人父止於慈、與國人交止於信」，斯即格物。皆與陽明宗旨不同，而亦不採朱子窮至事物之理之說。然打破朱子之說，不可謂非陽明之力也）。

格物致知之說，王心齋（艮）最優。心齋為陽明弟子（心齋初為鹽場灶丁，略語《四書》，制古衣冠、大帶、笏板服之，曰：「言堯之言、行堯之行，而不服堯之服，可乎哉？」聞其論曰：「此絕類王巡撫之談學也。」時陽明巡撫江西，心齋即往謁，古服舉笏立於中門，陽明出迎於門外。始入，據上坐；辯難久之，心折，移坐於側；論畢，下拜稱弟子。明日復見，告之悔，復上坐，辯難久之，乃大服，卒為弟子。本名銀，陽明為改為艮），讀書不多，反能以經解經，義較明白。謂《大學》有「物有本末，事有始終，知所先後，則近道矣」語：致知者，知事有終始也；格物者，知物有本末也。格物致知，原空文，不必強為穿鑿。是故誠意是始，平天下是終；誠意是本，平天下是末。知此即致知矣。劉蕺山（宗周）等崇其說，稱之曰：「淮南格物論，謂是致知格物之定論。」蓋陽明讀書多，不免拖沓；心齋讀書少（心齋入國子監，司業問：「治何經？」曰：「我治總經。」又作〈大成歌〉，亦有尋孔、顏樂處之意，有句云：「學是學此樂，樂是樂此學」)，故能直截了當，斬除葛藤也。心齋解「在止於至善」，謂身名俱泰，乃為至善；殺身成仁，便非至善。其語有似老子。而弟子顏山農(鈞)、何心隱輩，猖狂無度，自取戮辱之禍，乃與師說相反。清人反對王學，即以此故。顏山農頗似游俠，後生來見，必先享以三拳，能受，乃可為弟子。心隱本名梁汝元，從山農時，亦曾受三拳，而終不服，知山農狎妓，乃伺門外，山農出，以三拳報之。此誠非名教所能羈絡矣。山農篤老而下獄遣戍，心隱卒為張江陵所殺(江陵為司業，心隱問曰：「公居太學，知《大學》道乎？」江陵目攝之，曰：「爾意時時欲飛，卻飛不起。」江陵去，心隱曰：「是夫異日必當國，必殺我。」時政由嚴氏，而世宗幸方士藍道行，心隱偵知嵩有揭帖，囑道行假乩神降語：「今日當有一奸臣言事。」帝遲之，而嵩揭帖至，由此疑嵩。御史鄒應龍避雨內侍家，偵知其事，因抗疏極論嵩父子不法，嚴氏遂敗，江陵當國，以心隱術足以去宰相，為之心動，卒捕心隱下獄死)，蓋王學末流於顏何輩而使人怖畏矣。

陽明破宸濠，弟子鄒東廓(守益)助之，而歐陽南野(德)、聶雙江(豹)輩，則無事功可見。雙江主兵部，《明史》贊之曰：「豹也碌碌，彌不足觀。」蓋皆明心見性，持位保寵，不以政事為意。湛甘泉為南京吏部尚書亦然。羅念庵（洪先）辭官後，入山習靜，日以晏坐為事，謂「理學家闢佛乃門面語。周濂溪何嘗闢佛哉？」陽明再傳弟子萬思默（廷言）、王塘南（槐時）、胡正甫（直）、鄧定宇（以贊）官位非卑，亦無事功可見。思默語不甚奇，日以晏坐為樂。塘南初曾學佛，亦事晏坐，然所見皆高於陽明。塘南以為一念不動，而念念相續，此即生生之機不可斷之意（一念不動，念念相續，即釋家所謂阿賴耶識，釋家欲傳阿賴耶以成涅槃，而王學不然，故僅至四禪四空地）。思默自云靜坐之功，若思若無思，則與佛法中非想非非想契合，即四空天中之非想非非想天耳。定宇語王龍溪（畿）曰：「天也不做他，地也不做他，聖人也不做他。」張陽和（元忭）謂此言駭聽。定宇曰：「畢竟天地也多動了一下，此是不向如來行處行手段。」正甫謂天地萬物，皆由心造，獨契釋氏旨趣。前此，理學家謂天地萬物與我同體，語涉含混，不知天地萬物與我，孰為賓主。孟子「萬物皆備於我」亦然，皆不及正甫之明白了當。梨洲駁之，反為支離矣。甘泉與陽明並稱。甘泉好談體認天理。人有不成寐者，問於甘泉。甘泉曰：「君恐未能體認天理耳。」陽明譏甘泉務外，甘泉不服，謂心體萬物而無遺，何外之有？後兩派並傳至許敬庵（孚遠），再傳而為劉蕺山（宗周）。蕺山紹甘泉之緒，而不甚心服。三傳而為黃梨洲（宗羲）。梨洲餘姚人，蕺山山陰人。梨洲服膺陽明而不甚以蕺山為然，蓋猶存鄉土之見。蕺山以常惺惺為教。常惺惺者，無昏憒時之謂也，語本禪宗，非儒家所有。又蕺山所以不同於陽明者，自陽明之徒王心齋以致知為空文，與心意二者無關，而心意之別未明也。心齋之徒王一菴（棟）以為意乃心之主宰（即佛法意根），於是意與心始別。蕺山取之，謂誠意者，誠其意根，此為陽明不同者也。然蕺山此語，與《大學》不合。《大學》語語平實，不外修己治人。明儒強以明心見性之語附會，失之遠矣。誠其意根者，即墮入數論之神我，意根愈誠，則我見愈深也。余謂《中庸》「誠者物之終始，不誠無物」二語甚確。蓋誠即迷信之謂。迷信自己為有，迷信世界萬物為有，均迷信也。誠之為言，無異佛法所稱無明。信我至於極端，則執一切為實有。無無明則無物，故曰不誠無物。《中庸》此言，實與釋氏之旨符合。唯下文足一句曰「是故，君子誠之為貴」，即與釋氏大相逕庭。蓋《中庸》之言，比於婆羅門教，所謂「參天地、贊化育」者，是其極致，乃入摩醯首羅天王一流也。儒釋不同之處在此，儒家雖採佛法，而不肯放棄政治社會者亦在此。若全依釋氏，必至超出時間，與中土素重世間法者違反，是故明心見性之儒，謂之為禪，未嘗不可。唯此所謂禪，乃曰禪八定，佛家與外道共有之禪，不肯打破意根者也。昔歐陽永叔謂「孔子罕言性，性非聖人所重」，此言甚是。儒者若但求修己治人，不務談天說性，則譬之食肉不食馬肝，亦未為不知味也。

儒者修己之道，〈儒行〉言之甚詳，《論語》亦有之，日「行己有恥」，日「見利思義，見危授命」。修己之大端，不過爾爾。范文正開宋學之端，不務明心見性而專尚氣節，首斥馮道之貪戀。《新五代史》之語，永叔襲文正耳。其後學者漸失其宗旨，以氣節為傲慢而不足尚也，故群以極深研幾為務。於是風氣一變。國勢之弱，職此之由。宋之亡，降臣甚多，其明證也。明人之視氣節，較宋人為重。亭林雖誚明心見性之儒，然入清不仕，布衣終身，信可為百世師表。夫不貴氣節，漸至一國人民都無豪邁之氣，奄奄苟活，其亡豈可救哉？清代理學家甚多，然在官者不可以理學論。湯斌、楊名時、陸隴其輩，江鄭堂《宋學淵源記》所不收，其意良是。何者？炎黃之冑，服官異族，大節已虧，尚得以理學稱哉？若在野而走入王派者，則有李二曲（顒）、黃梨洲（宗羲）。其反對王派者，今舉顧亭林、王船山（夫之）、陸桴亭、顏習齋、戴東原五家論之。此五家皆與王派無關，而又非拘牽朱派者也。梨洲、二曲雖同祖陽明，而學不甚同。梨洲議論精緻，修養不足；二曲教以悔過為始基，以靜坐為入手，李天生（因篤，陸派也）之友欲從二曲學，中途折回，天生問故，日：「人謂二曲王學之徒也。」二曲聞之嘆日：「某豈王學乎哉！」蓋二曲雖靜坐觀心，然其經濟之志，未曾放棄。其徒王心敬（爾緝），即以講求區田著稱。此其所以自異於王學也。梨洲弟子萬季野（斯同）治史學，查初白（慎行）為詩人，並不傳其理學。後來全謝山（祖望）亦治史學，而於理學獨推重慈湖，蓋有鄉土之見焉。

陽明末流，一味猖狂，故清初儒者皆不願以王派自居。顧亭林首以明心見性為詬病。亭林之學，與宋儒永嘉派不甚同，論其大旨，亦以修己治人為歸。亭林研治經史最深，又講音韻、地理之學，清人推為漢學之祖。其實，後之為漢學者僅推廣其《音學五書》以講小學耳。其學之大體，則未有步趨者也。唯汪容甫（中）頗有紹述之意，而日力未及。觀容甫《述學》，但考大體，不及瑣碎，此即亭林矩矱。然亭林之學，枝葉蔚為大國而根本不傳者，亦因種族之間，言議違禁，故為人所忌耳。（《四庫提要》稱其音韻之學，而斥經世之學為迂闊，其意可知。）種族之見，亭林勝於梨洲。梨洲曾奉魯王命乞師日本，後遂無聞焉，亭林則始終不渝。今通行之《日知錄》，本潘次耕（耒）所刻，其中胡字、虜字，或改作外國，或改作異域，我朝二字，亦被竄易。「素夷狄行乎夷狄」一條，僅存其目。近人發現雍正時抄本，始見其文，約二千餘言。大旨謂孔子云：「居處恭、執事敬、與人忠，雖之夷狄不可棄也。」此之謂「素夷狄行乎夷狄」，非謂臣事之也。又言，管仲大節有虧而孔子許之者，以管仲攘夷，過小而功大耳。以君臣之義，較夷夏之防，則君臣之義輕，夷夏之防重，孔子所以亟稱之也。又「胡服」一條，刻本並去其目。忌諱之深如此，所以其學不傳。亭林於夷夏之防，不僅騰為口說，且欲實行其志，一生賓士南北，不遑寧居，到處開墾，隱結賢豪，凡為此故也。山東、陝西、山西等處，皆有其屯墾之跡。觀其意，殆欲於此作發展計。漢末田子泰（或作田子春，名疇），躬耕徐無山（今河北玉田縣），百姓歸之者五千餘家，子泰為定法律、制禮儀、興學校，眾皆便之。烏丸、鮮卑並遣譯致貢。常忿烏丸賊殺冠蓋，有欲討之意，而曹操北征，子泰為嚮導，遂大斬獲，追奔逐北。使當時無曹操，則子泰必親自攘夷矣。亭林之意，殆亦猶是。船山反對王學，宗旨與橫渠相近，曾為《正蒙》作注。蓋當時王學猖狂，若以程朱之學矯之，反滋糾紛，唯橫渠之重禮教乃足以懲之。船山之書，自說經外，只有抄本，得之者，什襲珍藏。故黃書流傳甚廣，而免於禁網也。船山論夷夏之防，較亭林更為透澈，以為六朝國勢不如北魏遠甚。中間又屢革命，而能支持三百年之久者，以南朝有其自立精神故也。南宋不及百六十年，未經革命，而亡於異族，即由無自立精神故也。此說最中肯綮，然有鑒於南宋之亡，而謂封建藩鎮，可以抵抗外侮，此則稍為迂闊。特與六朝人主封建者異趣：

六朝人偏重王室，其意不過封建親戚以為藩屏而已；船山之主封建，乃從諸夏夷狄著想，不論同姓異姓，但以抵抗外侮為主，此其目光遠大處也。要之，船山之學，以政治為主，其理學亦不過修己治人之術，謂之駢枝可也。

陸桴亭《思辨錄》，亦無過修己治人之語，而氣魄較小。其論農田水利，亦尚有用。顧足跡未出江蘇一省，故其說但就江蘇立論，恐不足以致遠。

北方之學者，顏（習齋）、李（剛主）、王（昆繩）、劉（繼莊）並稱，而李行輩略後，習齋之意，以為程、朱、陸、王都無甚用處，於是首舉《周禮》鄉三物以為教。謂《大學》格物之物，即鄉三物之物。其學頗見切實。蓋亭林、船山但論社會政治，卻未及個人體育。不講體育，不能自理其身，雖有經世之學，亦無可施。習齋有見於此，於禮、樂、射、御、書、數中，特重射、御，身能盤馬彎弓，抽矢命中，雖無反抗清室之語，而微意則可見也。昆繩、剛主，亦是習齋一流，唯主張井田，未免迂腐。繼莊精輿地之學。《讀史方輿紀要》之作，繼莊周遊四方，觀察形勢；顧景範考索典籍，援古證今，二人聯作，乃能成此鉅著。此後徐乾學修《一統志》，開館洞庭山，招繼莊纂修。繼莊首言郡縣宜記經緯度，故《一統志》每府必記北極測地若干度。此事今雖習見，在當時實為創獲。

大概亭林、船山，才兼文武。桴亭近文，習齋近武，桴亭可使為地方官，如省長之屬；習齋可使為衛戍司令。二人之才不同，各有偏至。要皆專務修己治人，無明心見性之談也。

東原不甘以上列諸儒為限，作《原善》、《孟子字義疏證》。其大旨有二：一者，以為程、朱、陸、王均近禪，與儒異趣;一者，以為宋儒以理殺人，甚於以法殺人。蓋雍乾間，文字之獄，牽累無辜，於法無可殺之道，則假借理學以殺之。東原有感於此，而不敢正言，故發憤為此說耳。至其目程、朱、陸、王均近禪，未免太過。象山謂「六經注我，我注六經」，乃掃除文字障之謂，不只謂之近禪。至其駁斥以意見為理，及以理為如有物焉得於天而具於心之說，只可以攻宋儒，不足以攻明儒。陽明謂理不在心外，則非如有物焉，湊拍附著於氣之謂也。羅整庵（欽順）作《困知記》，與陽明力爭理氣之說，謂宋人以為理之外有氣，理善，氣有善有不善。夫天生物，唯氣而已，人心亦氣耳。以謂理者，氣之流行而有秩序者也，非氣之外更有理也。理與氣不能對立。東原之說，蓋有取於整庵。然天理、人欲，語見〈樂記〉。〈樂記〉本謂窮人欲則天理滅，不言人欲背於天理也。而宋儒則謂理與欲不能並立。於是東原謂天理即人欲之有節文者，無欲則亦無理，此言良是，亦與整庵相近。唯謂理在事物而不在心，則矯枉太過，易生流弊。夫能分析事物之理者，非心而何？安得謂理在事物哉？依東原之說，則人心當受物之支配，喪其所以為我，此大謬矣。至孟子性善之說，宋儒實未全用其旨。程伊川、張橫渠皆謂人有義理之性，有氣質之性。義理之性善，氣質之性不善。東原不取此論，謂孟子亦以氣質之性為善，以人與禽獸相較而知人之性善，禽獸之性不善（孟子有「人之異於禽獸者幾希」語）。余謂此實東原之誤。古人論性，未必以人與禽獸比較。詳玩《孟子》之文，但以五官與心對待立論。孟子云：「從其大體為大人，從其小體為小人。」「耳目之官不思而蔽於物。物交物，則引人而已矣。心之官則思，不思則不得也。」其意殆謂耳目之官不純善，心則純善。心縱耳目之欲，是養其小體也；耳目之欲受制於心，是養其大體也。今依生理學言之，有中樞神經，有五官神經。五官不能謂之無知，然僅有欲而不知義理，唯中樞神經能制五官之欲，斯所以為善耳。孟子又云：「口之於味，目之於色，耳之於聲，鼻之於臭，四肢之於安佚，性也。有命焉，君子不謂性也。」是五官之欲固可謂之性。以五官為之主宰，故不以五官之欲為性，而以心為性耳。由此可知，孟子亦不謂性為純善，唯心乃純善。東原於此不甚明白。故不取伊川、橫渠之言，而亦無以解孟子之義。由今觀之，孟、荀、揚三家論性雖各不同，其實可通。孟子不以五官之欲為性，此乃不得已之論。如合五官之欲與心而為真，補猶揚子所云善惡混矣。孟子謂惻隱、羞惡、辭讓、是非四端，性所具有。荀子則謂人生而有好利焉，順是則爭奪生而辭讓亡矣。是荀子以辭讓之心非性所本有，故人性雖具惻隱、羞惡、是非三端，不失其為惡。然即此可知荀子但云性不具辭讓之心，而不能謂性不具惻隱、羞惡、是非之心。是其論亦同於善惡混也。且荀子云：「途之人皆可以為禹。」孟子云：「人皆可以為堯舜。」是性惡、性善之說，殊途同歸也。荀子云：「人皆有可以知仁義法正之質，皆有可以能仁義法正之具。」孟子云：「乃若其情則可以為善矣，乃所謂善也。」此其語趣尤相合。（孟子性善之說，似亦略有變遷。可以為善曰性善，則與本來性善不同矣。）雖然，孟子曰：「仁、義、禮、知，非由外鑠我也，我固有之也。」荀子則謂禮義法度，聖人所生，必待聖人之教，而後能化性起偽。此即外鑠之義，所不同者在此。

韓退之〈原性〉有上中下三品說。前此，王仲任《論衡》記周人世碩之言，謂人性有善有惡。舉人之善性，養而致之則善長；舉人之惡性，養而致之則惡長。故作〈養書〉一篇。又言宓子賤、漆雕開、公孫尼子之徒，亦論情性，與世子相出入。又孔子已有「生而知之者上，學而知之者次，困而學之又其次，困而不學民斯為下」語。如以性三品說衡荀子之說，則謂人性皆惡可也。不然，荀子既稱人性皆惡，則所稱聖人者，必如宗教家所稱之聖人，然後能化性起偽爾。是故，荀子雖云性惡，當兼有三品之義也。

告子謂性無善、無不善，語本不謬，陽明亦以為然。又謂生之謂性，亦合古訓。此所謂性，即阿賴耶識。佛法釋阿賴耶為無記性（無善無惡），而阿賴耶之義即生理也。古人常借生為性字。《孝經》「毀不滅性」，《左傳》「民力凋盡，莫保其性」，皆是。《莊子》云：「性者生之質也。」則明言生即性矣。故「生之謂性」一語，實無可駁。而孟子強詞相奪，駁之曰：「犬之性猶牛之性，牛之性猶人之性歟？」若循其本，性即生理。則犬之生與牛之生，有何異哉？至杞柳杯棬之辨，孟子之意謂戕賊杞柳以為杯棬可，戕賊人以為仁義不可。此因告子不善措辭，致受此難。如易其語云性猶金鐵也，義猶刀劍也；以人性為仁義，猶以金鐵為刀劍，則孟子不能謂之戕賊矣。

東原以孟子舉犬性、牛性、人性駁告子，故謂孟子性善之說，據人與禽獸比較而為言。余謂此非孟子本旨，但一時口給耳。後人視告子如外道，或曰異端，或曰異學。其實儒家論性，各有不同。趙邠卿注《孟子》，言告子兼治儒墨之學。邠卿見《墨子》書亦載告子（《墨子》書中之告子，與孟子所見未必為一人，以既與墨子同時，不得復與孟子同時也），故為是言。不知《墨子》書中之告子，本與墨子異趣，不得云兼治儒墨之學也。宋儒以告子為異端，東原亦目之為異端，此其疏也。

《孟子字義疏證》一書，唯說理氣語不謬（大旨取羅整庵），論理與欲亦當。至闡發性善之言，均屬難信。其後承東原之學者，皆善小學、說經、地理諸學，唯焦里堂（循）作《孟子正義》，不得不採《字義疏證》之說（近黃式三亦有發揮東原之言）。要之，東原之說，在清儒中自可卓然成家，若謂可以推倒宋儒（段若膺人作輓詞有「孟子之功不在禹下」語，太過），則未敢信也。

道咸間方植之（東樹）作《漢學商兌》，糾彈東原最力。近胡適尊信東原之說，假之以申唯物主義。然「理在事物而不在心」一語，實東原之大謬也。

數道家當以老子為首。《漢書·藝文志》道家首舉《伊尹》、《太公》。然其書真偽不可知，或出後人依託。《管子》之書，可以徵信，唯其詞意繁富，雜糅儒家、道家，難尋其指歸。太史公言其「善因禍而為福、轉敗而為功」，蓋管子之大用在此。黃老並稱，始於周末，盛行於漢初。如史稱環淵學黃老道德之術；陳丞相少時，好黃帝、老子之術；膠西有蓋公善治黃老言；竇太后好黃帝、老子言；王生處士善為黃老言。然黃帝論道之書，今不可見。〈儒林傳〉，黃生與轅固爭論湯武革命，曰：「冠雖敝必加於首，履雖新必貫於足。」其語見《太公六韜》。然今所傳《六韜》不可信，故數道家當以老子為首。

《莊子·天下篇》自言與老聃、關尹不同道。老子多政治語，莊子無之；莊子多超人語，老子則罕言。雖大旨相同，而各有偏重，所以異也。《老子》書八十一章，或論政治，或出政治之外，前後似無系統。今先論其關於政治之語。老子論政，不出因字，所謂「聖人無常心，以百姓心為心」是也。嚴幾道（復）附會其說，以為老子倡民主政治。以余觀之，老子亦有極端專制語，其云「魚不可脫於淵，國之利器不可以示人」，非極端專制而何？凡尚論古人，必審其時世。老子生春秋之世，其時政權操於貴族，不但民主政治未易言，即專制政治亦未易言。故其書有民主語，亦有專制語。即孔子亦然。在貴族用事之時，唯恐國君之不能專制耳。國君苟能專制，其必有愈於世卿專政之局，故曰「魚不可脫於淵，國之利器不可以示人」。然此二語法家所以為根本。

太史公以老子、韓非同傳，於學術源流最為明瞭。韓非解老、喻老而成法家，然則法家者，道家之別子耳。余謂老子譬之大醫，醫方眾品並列，指事施用，都可療病。五千言所包亦廣矣，得其一術，即可以君人南面矣。

漢文帝真得老子之術者，故太史公既稱孝文好道家之學，以為繁禮飾貌無益於治；又稱孝文帝本好刑名之言。蓋文帝貌為玄默躬化，其實最擅權制。觀夫平、勃誅諸呂，使使迎文帝。文帝入，即夕拜宋昌為衛將軍，領南北軍；以張武為郎中令、行殿中。其收攬兵權，如此其急也。其後賈誼陳治安策，主以眾建諸侯而少其力，文帝依其議，分封諸王子為列侯。吳太子入見，侍皇太子飲博，皇太子引博局提殺之，吳王怨望不朝，而文帝賜之幾杖，蓋自度能制之也。且崩時，誡景帝，即有緩急，周亞夫真可任將兵。蓋知崩後，吳楚之必反也，蓋文帝以老、莊、申、韓之術合而為一，故能及此。然謂周云成、康，漢言文、景，則又未然。成康之世，諸侯宗周；文帝之世，諸侯王已有謀反者。非用權謀，烏足以制之？知人論世，不可同年而語矣。

後人往往以宋仁宗擬文帝，由今觀之，仁宗不如文帝遠甚。雖仁厚相似，而政術則非所及也。仁宗時無吳王叛逆之事；又文帝之於匈奴與仁宗之於遼、西夏不同。仁宗一讓之後，即議和納幣，無法應付；文帝則否，目前雖似讓步，卻能養精蓄銳，以備大舉征討，故後世有武帝之武功。周末什一而稅，以致頌聲。然漢初但十五而取一（高帝、惠帝皆然），文帝出，常免天下田租，或取其半，則三十而一矣。又以緹縈上書，而廢肉刑。此二事可謂仁厚。然文帝有得於老子之術。老子之術，平時和易，遇大事則一發而不可當，自來學老子而至者，唯文帝一人耳。

《老子》書中有權謀語，「將欲歙之，必固張之；將欲弱之，必固強之；將欲廢之，必固興之；將欲奪之，必固與之」是也。凡用權謀，必不明白告人。而老子筆之於書者，以此種權謀，人所易知故爾。亦有中人權謀而不悟者，故書之以為戒也。

歷來承平之世，儒家之術，足以守成；戡亂之時，即須道家。以儒家權謀不足也。凡戡亂之傅佐，如越之范蠡（與老子同時，是時《老子》書恐尚未出），漢初之張良、陳平（二人純與老子相似。張良嘗讀《老子》與否不可知，陳平本學黃老），唐肅宗時之李泌，皆有得於老子之道。蓋撥亂反正非用權謀不可，老子之真實本領在此。然即「無為而無不為」一語觀之，恐老子於承平政事亦優為之，不至如陳平之但說大話（文帝問左丞相周勃：「天下一歲決獄幾何？」勃謝不知。問：「天下錢穀一歲出入幾何？」勃又謝不知，惶愧汗出浹背。帝問左丞相陳平，平曰：「有主者。」帝曰：「君所主者何事？」平曰：「宰相上佐天子理陰陽、順四時，下遂萬物之宜，外鎮撫四夷、諸侯，內親附百姓，使卿大夫各得任其職焉。」蓋周勃武夫，非所能對；陳平粗疏，亦不能對也）。承平而用老子之術者，文帝之前曹參曾用蓋公，日夜飲酒而不治事，以為法令既明，君上垂拱而臣下守職，此所謂「無為而無不為」也。至於晉人清淡，不切實用，蓋但知無為，而不知無不為矣。

至於老子之道最高之處，第一看出常字，第二看出無字，第三發明無我之義，第四倡立無所得三字，為道德之極則。《老子》首章云：「道可道，非常道。名可名，非常名。」常道、常名，王注不甚明白，韓非〈解老〉則言之了然，謂「物之一存一亡、乍死乍生、初盛而後衰者，不可謂常；唯與天地之剖判也俱生，至天地消散也不死不衰者，謂常」，蓋常道者，不變者也。《莊子·天下篇》稱「老聃建之以常無有，主之以太一」。常無有者，常無、常有之簡語也。老子曰：「常無欲以觀其妙，常有欲以觀其徼。」又云：「無名天地之始，有名萬物之母。」無名故為常，有名故非常。徼者邊際界限之意。夫名必有實，實非名不彰，徼去界限，則名不能立，故云「常有欲以觀其徼也」。聖人內契天則，故常無以觀其妙。外施於事，故常有以觀其徼。建之以常無有者，此之謂也。

《老子》云：「天下萬物生於有，有生於無。」後之言佛法者，往往以此斥老子為外道，謂「無何能生有」，然非外道也。《說文》：「無，奇字無也，通於元者。」虛無，道也。《爾雅》：「元，始也。」夫萬物實無所始。《易》曰：「大哉乾元。」首出庶物，是有始也。又曰：「見群龍無首。」天德不可為首，則無始也。所謂有始者，畢竟無始也。《莊子》論此更為明白，云：「有始也者，有未始有始也者，有未始有夫未始有始也者。」《說文繫傳》云：「無通於元者，即未始有始之謂也。」又佛法有緣起之說，唯識宗以阿賴耶識為緣起；《起信論》以如來藏為緣起。二者均有始。而《華嚴》則稱無盡緣起，是無始也。其實緣起本求之不盡，無可奈何，乃立此名耳。本無始，無可奈何稱之曰始，未必純是；無可奈何又稱之曰無始。故曰無通於元。儒家無極、太極之說，意亦類是。故老子曰：「天下萬物生於有，有生於無。」語本了然，非外道也。

無我之言，《老子》書中所無，而《莊子》詳言之。太史公〈孔子世家〉：「老子送孔子曰：『為人臣者毋以有己，為人子者毋以有己。』」二語看似淺露，實則含義宏深。蓋空談無我，不如指切事狀以為言，其意若曰一切無我，固不僅言為人臣、為人子而已。所以舉臣與子者，就事說理，《華嚴》所謂事理無礙矣。於是孔子退而有猶龍之嘆。夫唯聖人為能知聖，孔子耳順心通，故聞一即能知十，其後發為「毋意、毋必、毋固、毋我」之論，顏回得之而克己。此如禪宗之傳授心法，不待繁詞，但用片言隻語，而明者自喻。然非孔子之聰明睿智，老子亦何從語之哉！（老子語孔子之言，《禮記·曾子問》載三條，皆禮之粗跡，其最要者在此。至無我、克己之語，則《莊子》多有之。）

《德經》以上德、下德開端（是否《老子》原書如此，今不可知），云：「上德不德，是以有德；下德不失德，是以無德。」德者得也，不德者，無所得也。無所得乃為德，其旨與佛法歸結於無所得相同，亦與文王視民如傷、望道而未之見符合。蓋道不可見，可見即非道。望道而未之見者，實無有道也。所以望之者，立文不得不如此耳。其實何嘗望也。佛家以有所見為所知障，又稱理障。有一點智識，即有一點所知障。縱令理想極高，望去如有物在，即所知障也。今世講哲學者不知此義，無論剖析若何精微，總是所知障也。老子謂「玄之又玄，眾妙之門」，玄之一字，於老子自當重視。然老子又曰「滌除玄覽」，玄且非掃除不可，況其他哉！亦有極高極深之理，自覺絲毫無謬，而念念不捨，心存目想，即有所得，即所謂所知障，即不失德之下德也。孔子云：「吾有知乎哉？無知也。」無知故所知障盡。顏子語孔子曰：「回益矣，忘仁義矣。」孔子曰：「可矣，猶未也。」他日復見曰：「回益矣，忘禮樂矣。」孔子曰：「可矣，猶未也。」他日復見曰：「回益矣，坐忘矣。」孔子乃稱：「而果其賢乎！丘請從而後。」蓋坐忘者，一切皆忘之謂，即無所得之上德也。此種議論，《老子》書所不詳，達者觀之立喻；不達者語之而不能明。非如佛書之反覆申明，強聒而不捨。蓋儒以修己治人為本；道家君人南面之術，亦有用世之心。如專講此等玄談，則超出範圍，有決江救涸之嫌。政略示其微而不肯詳說，否則，其流弊即是清淡。非唯禍及國家，抑且有傷風俗，故孔老不為也。印度地處熱帶，衣食之憂，非其所急;不重財產，故室廬亦多無用處；自非男女之欲，社會無甚爭端。政治一事，可有可無，故得走入清淡一路而無害。中土不然，衣食居處，必賴勤力以得之，於是有生存競爭之事。團體不得不結，社會不得不立，政治不得不講。目前之爭，不在乎有我、無我，乃在衣食之足、不足耳。故儒家、道家，但務目前之爭；超出世間之理，不欲過於講論，非智識已到修養已足者，不輕為之語。此儒、道與釋家根本雖同，而方法各異之故也。

六朝人多以老、莊附佛法（如僧祐《弘明集》之類），而玄奘以為孔、老兩家，去佛甚遠，至不肯譯《老子》，恐為印度人所笑。蓋玄奘在佛法中為大改革家，崇拜西土，以為語語皆是，而中國人語都非了義。以玄奘之智慧，未必不能解孔子、老子之語，特以前人註解未能了然，雖或瀏覽，不足啟悟也。南齊顧歡謂孔、老與佛法無異，中國人只須依孔、老之法，不必追隨佛法，雖所引不甚切當，而大意則是。（《南齊書》五十四載歡之論曰：「國師、道士，無過老、莊；儒林之宗，孰出周、孔？若孔、老非佛，誰則當之？二經所說，如合符契，道則佛也，佛則道也。其聖則符，其跡則反。」又云:「理之可貴者道也;事之可賤者俗也。舍華效夷,義將安取?」)至老子化胡,乃悠謬之語。人各有所得,奚必定由傳授也。

道士與老子無關,司馬溫公已見及此。道士以登仙為極則,而莊子有齊死生之說,又忘老聃之死,正與道士不死之說相反也。漢武帝信少翁、欒大、李少君之屬以求神仙,當時尚未牽合神仙、老子為一。《漢書‧藝文志》以神仙、醫經、經方同入方技,可證也。漢末張道陵注《老子》(《弘明集》引),其孫魯亦注《老子》(曰:想余注《老子》。「想余」二字不可解),以老子牽入彼教,殆自此始。後世道士,乃張道陵一派也。然少翁輩志在求仙,道陵亦不然,僅事祈禱或用符籙捉鬼,謂之劾禁。蓋道士須分兩派:一為神仙家,以求長生、覬登仙為務;一為劾禁家,則巫之餘裔也。北魏寇謙之出,道士之說大行。近代天師打醮、畫符、降妖而不求仙,即是劾禁一派。前年,余寓滬上,張真人過訪,余問煉丹否?真人曰:「煉丹須清心寡欲。」蓋自以不能也。

梁陶宏景為《本草》作注,又作《百一方》,而專務神仙。醫家本與神仙家相近,後世稱陶氏一派曰茅山派;張氏一派曰龍虎山派。二派既不同,而煉丹又分內丹、外丹二派。《抱朴子》載煉丹之法,唐人信之,服大還而致命者不少,後變而為內丹之說,《悟真篇》即其代表。然於古有漢人所作《參同契》，亦著此意。元邱處機（即長春真人，作《西遊記》者），亦與內丹相近，白雲觀道士即此派也。此派又稱龍門派。是故，今之道士，有此三派，而皆與老子無關者也。

神仙家、道家，《隋志》猶不相混。清修《四庫》，始混而為一。其實煉丹一派，於古只稱神仙家，與道家毫無關係。宋元間人集《道藏》，凡諸子書，自儒家之外，皆被收錄。余謂求仙一派，本屬神仙家，前已言之。劾禁一派，非但與老子無關，亦與神仙家無關。求之載籍，蓋與《墨子》為近。自漢末至唐，相傳墨子有《枕中五行記》（其語與墨子有無關係，不可知）。《後漢書・劉根傳》：「根隱居嵩山，諸好事者就根學道。太守史祈，以根為妖妄，收而數之曰：『汝有何術，而惑誣百姓？』根曰：『實無他異，頗能令人見鬼耳。』於是左顧而嘯，祈之亡父、祖及近親數十人皆反縛在前，向根叩頭。祈驚懼，頓首流血。根默然，忽俱去不知所在。」余按：其術與《墨子・明鬼》相近。劉根得之何人不可知，張道陵之術與劉根近似，必有所受之也。蓋劾禁一派，雖與老子無關，要非純出黃巾米賊，故能使晉世士大夫若王羲之、殷仲堪輩皆信之也。

莊子自言與老聃之道術不同，「死與、生與？天地並與？神明往與？」此老子所不談，而莊子聞其風而悅之。蓋莊子有近乎佛家輪迴之說，而老子無之。莊子云：「若人之形老，萬化而未始有極也，其為樂可勝計邪？」此謂雖有輪迴而不足懼，較之「精氣為物、遊魂為變」二語，益為明白。老子但論攝生，而不及不死不生，莊子則有不死不生之說。〈大宗師〉篇，南伯子葵問乎女偊，女偊稱卜梁倚守其道三日，而後能外天下；又守之七日，而後能外物；又守之九日，而後能外生。已外生矣，而後能朝徹；朝徹而後能見獨；見獨而後能無古今；無古今而後能入於不死不生。天下者，空間也。外天下則無空間觀念。物者實體也。外物即一切物體不足攖其心。先外天下，然後外物者，天下即佛法所謂地水火風之器世間，物即佛法所謂有情世間也。已破空間觀念，乃可破有情世間，看得一切物體與己無關，然後能外生。外生者，猶未能證到不死不生，必須朝徹而見獨。朝徹猶言頓悟，見獨則人所不見，己獨能見，故先朝徹而後能見獨。人為時間所轉，乃成生死之念。無古今者，無時間觀念，死生之念因之滅絕，故能證知不死不生矣。佛家最重現量，陽明亦稱留得此心常現在。莊子云無古今而後能入於不死不生者，亦此意也。南伯子葵、女偊、卜梁倚，其人有無不可知。然其言如此，前人所未道，而莊子盛稱之，此即與老聃異趣。老子講求衛生，〈庚桑楚〉篇，老聃為南榮趎論衛生之經可見。用世涉務必先能衛生。近代曾國藩見部屬有病者輒痛呵之，即是此意。《史記·老子列傳》稱老子壽一百六十餘。衛生之效，於此可見。然莊子所以好言不死不生，以彭祖、殤子等量齊觀者，殆亦有故。《莊子》書中，自老子而外，最推重顏子，於孔子尚有微辭，於顏子則從無貶語。顏子之道，去老子不遠，而不幸短命，是以莊子不信衛生而有一死生、齊彭殤之說也。

內篇以〈逍遙〉、〈齊物〉開端，淺言之，逍遙者，自由之義；齊物者，平等之旨。然有所待而逍遙，非真逍遙也。大鵬自北冥徙於南冥，經時六月，方得高飛；又須天空之廣大，扶搖、羊角之勢，方能鼓翼。如無六月之時間，九萬里之空間，斯不能逍遙矣。列子御風，似可以逍遙矣，然非風則不得行，猶有所待，非真逍遙也。禪家載黃龍禪師說法，呂洞賓往聽，師問道服者誰，洞賓稱雲水道人。師曰：「雲乾水涸，汝從何處安身？」此襲莊子語也。無待，今所謂絕對。唯絕對乃得其自由。故逍遙云者，非今通稱之自由也。如云法律之內有自由，固不為真自由；即無政府，亦未為真自由。在外有種種動物為人害者；在內有飲食男女之欲，喜怒哀樂之情，時時困其身心，亦不得自由。必也一切都空，才得真自由，故後文有外天下，外物之論，此乃自由之極至也。

齊物論三字，或謂齊物之論，或謂齊觀物論，二義俱通。莊子此篇，殆為戰國初期，學派紛歧、是非蜂起而作。

「彼亦一是非，此亦一是非」，莊子則以為一切本無是非。不論人物，均各是其所是，非其所非，唯至人乃無是非。必也思想斷滅，然後是非之見泯也。其論與尋常論平等者不同，尋常論平等者僅言人人平等或一切有情平等而已。是非之間，仍不能平等也。莊子以為至乎其極，必也泯絕是非，方可謂之平等耳。

揆莊子之意，以為凡事不能窮究其理由，故云「惡乎然？然於然；惡乎不然？不然於不然」，然之理即在於然，不然之理即在於不然。若推尋根源，至無窮，而然、不然之理終不可得，故云然於然、不然於不然，不必窮究是非之來源也。〈逍遙〉、〈齊物〉之旨，大略如是。

〈養生主〉為常人說法，然於學者亦有關係。其云「生也有涯、知也無涯，以有涯隨無涯，殆已」。斯言良是。夫境無窮，生命有限，以有限求無窮，是夸父逐日也。〈養生主〉命意淺顯，頗似老子衛生之談。然不以之為七篇之首，而次於第三，可知莊子之意，衛生非所重也。世間唯愚人不求知，稍有智慧，無不竭力求知。然所謂一物不知儒者之恥，天下安有此事？如此求知，所謂殆已。其末云：「指窮於為薪，火傳也，不知其盡也。」以薪喻形骸，以火喻而神識。薪盡而火傳至別物。薪有盡而火無窮，喻形體有盡神識無盡。此佛家輪迴之說也。

〈人世間〉論處世之道，顏子將之衛、葉公問仲尼二段可見，其中尤以心齋一語為精。宋儒亦多以晏坐為務。余謂心齋猶晏坐也。古者以《詩》、《書》、禮、樂教士，《詩》、《書》屬於智識，禮、樂屬於行為。古人守禮，故能安定。後人無禮可守，心常擾擾。〈曲禮〉云：「坐如屍，立如齋。」此與晏坐之功初無大異。常人閒居無事，非昏沉即掉舉。欲救此弊，唯有晏坐一法。古人禮樂不可斯須去身，非禮勿動（動者，非必舉手投足之謂，不安定即是動）、非禮勿言（心有思想即言也），自不必別學晏坐。「子之燕居，申申如也，夭夭如也。」申申挺有之意，夭夭屈曲之意，申申、夭夭並舉，非倔強，亦非傴僂，蓋在不申不屈之間矣。古有禮以範圍，不必晏坐，自然合度。此須觀其會通，非謂佛法未入中土之時，中土絕無晏坐法也。心齋之說與四勿語（「非禮勿視、非禮勿聽、非禮勿言、非禮勿動」）相近，故其境界，亦與晏坐無異。向來注《莊子》者，於「瞻彼闋者，虛室生白，吉祥止止」十二字多不了然。謂室比喻心，心能空虛則純白獨生，然闋字終不可解。按：《說文》，「事已閉門」為闋。此蓋言晏坐閉門，人從門隙望之，不見有人，但見一室白光而已。此種語，佛書所恆道，而中土無之，故非郭子玄所知也。

〈德充符〉言形骸之不足寶，故以兀者王駘發論，至謂王駘之徒與孔子中分魯國，則其事有無不可知矣。中有二語，含意最深，自來不得其解，曰：「以其知，得其心；以其心，得其常心。」余謂此王駘之絕詣也。知者，佛法所謂意識；心者，佛法所謂阿賴耶。阿賴耶恆轉如瀑流，而真如心則無變動。常心者，真如心之謂。以止觀求阿賴耶，所得猶假；直接以阿賴耶求真如心，所得乃真。此等語與佛法無絲毫之異。世間最高之語，盡於此矣。

〈大宗師〉篇有不可解處，如「真人之息以踵，眾人之息以喉」。喉踵對文，自當訓為實字，疑參神仙家言矣。至乎其極，即為卜梁倚之不死不生，如此方得謂之大宗師。

〈應帝王〉言變化不測之妙。列子遇季咸而心醉，歸告其師壺子。季咸善相人，壺子使之相，示之以地文、示之以天壤、示之以太沖，最後示之以虛而委蛇。季咸無從窺測，自失而走。此如《傳燈錄》所載忠國師事，有西僧能知人心事，師往問之，僧曰：「汝何以在天津橋上看猢猻耶？」師再問之，僧又云云。最後一無所念而問之，僧無從作答，此即壺子對季咸之法矣。

要之，內篇七首，佛家精義俱在。外篇、雜篇與內篇稍異。蓋《莊子》一書，有各種言說，外篇、雜篇，頗有佛法所謂天乘（四禪四空）一派。〈讓王〉篇主人事，而推重高隱一流。蓋莊子生於亂世，用世之心，不如老子之切，故有此論。郭子玄注，反薄高隱而重仕宦。此子玄之私臆，未可輕信。子玄仕於東海王越，招權納賄，素論去之，故其語如此，亦其所也，唯大致不謬耳。外篇、雜篇，為數二十六；更有佚篇，郭氏刪去不注，以為非莊子本旨。雜篇有孔子見盜跖及漁父事，東坡以為此二篇當刪。其實〈漁父〉篇未為揶揄之言，〈盜跖〉篇亦有微意在也。七國儒者，皆託孔子之說以餬口，莊子欲罵倒此輩，不得不毀及孔子，此與禪宗呵佛罵祖相似。禪宗雖呵佛罵祖，於本師則無不敬之言。莊子雖揶揄孔子，然不及顏子，其事正同。禪宗所以呵佛罵祖者，各派持論，均有根據，非根據佛即根據祖，如用尋常駁辯，未必有取勝之道，不得已而呵佛罵祖耳。孔子之徒，顏子最高，一生從未服官，無七國遊說之風。自子貢開遊說之端，子路、冉有皆以從政終其身。於是七國時仕宦遊說之士，多以孔子為依歸，卻不能依傍顏子，故莊子獨稱之也。東坡生於宋代，已見佛家呵佛罵祖之風，不知何以不明此理，而謂此二篇當刪去也。

太史公謂莊子著書十餘萬言，剽剝儒墨。今觀〈天下〉篇開端即反對墨子之道，謂墨子雖能任，奈天下何？則史公之言信矣。唯所謂儒者乃當時之儒，非周公、孔子也。其譏彈孔子者，凡以便取持論，非出本意，猶禪宗之呵佛罵祖耳。

老子一派，傳者甚眾，而《莊子》書，西漢人見者寥寥。史公而外，劉向校書，當曾見之。桓譚號為博覽，顧獨未見

《莊子》。班嗣家有賜書，譚乞借《莊子》，而嗣不許。《法言》曾引《莊子》，殆揚子雲校書天祿閣時所曾見者。班孟堅始有解《莊子》語，今見《經典釋文》。外此，則無有稱者。至魏晉間，《莊子》始見重於世，其書亦漸流傳。自《莊子》流傳，而清談之風乃盛。由清談而引進佛法，魏晉間講佛法者，皆先究《莊子》(東晉支遁曾注《莊子》)，《弘明集》所錄，皆莊佛並講者也。漢儒與佛法扞格，無溝通之理。明帝時佛經雖入中土，當時視之，不過一種神教而已。自莊子之說流行，不啻為研究佛法作一階梯，此亦猶利瑪竇入中國傳其天算之學，而中國人即能了悟。所以然者，利瑪竇未入之前，天元、四元之術，已研究有素，故易於接引也。

清儒謂漢稱黃老，不及老莊，黃老可以致治，老莊唯以致亂。然史公以老、莊、申、韓同傳，老子有治天下語。漢文兼參申韓，故政治修明。莊子政治語少，似乎遺棄世務。其實，莊在老後，政治之論，老子已足；高深之論，則猶有未逮，故莊子偏重於此也。漆園小吏，不過比今警察局長，而莊子任之。宦愈小，事愈繁劇，豈莊子純然不涉事務哉！清談之士，皆是貴族，但借莊子以自高，故獨申其無為之旨。然不但清談足以亂天下，講理學太過，亦足以亂天下。亭林謂今之心學，即昔之清談，比喻至切。此非理學之根本足以亂天下，講理學而一切不問，斯足以亂天下耳。以故，黃老治天下、老莊亂天下之語，未為通論也。

墨子，據高誘《呂覽注》謂為魯人。《史記．孟荀列傳》或曰並孔子時，或曰在其後。蓋墨子去孔子不遠，與公輸般同時。據《禮記．檀弓》：季康子之母死，公輸般請以機封，事在哀公之末，或悼公之初。墨子見楚惠王時，蓋已三四十歲，是時公輸般已老，則墨子行輩，略後於般也。〈親士〉篇言吳起之裂。考吳起車裂，在周安王二十一年，上去孔子卒已逾百年，墨子雖壽考，當不及見。至〈所染〉篇言宋康染於唐鞅田不禮。宋康之滅，在周赧王二十九年，去吳起之裂又九十餘年，則決非墨子所及見矣。是知《墨子》書有非墨子自著而後人附益之者。韓非〈顯學〉篇，稱孔墨之後，儒分為八，墨離為三——有相里氏之墨、相夫氏之墨、鄧陵氏之墨。《莊子．天下》篇亦云相里勤之弟子，五侯之徒，南方之墨者，苦獲、己齒、鄧陵子之屬，俱誦《墨經》，而倍譎不同，相謂別墨。今觀墨子〈尚賢〉、〈尚同〉、〈兼愛〉、〈非攻〉、〈節用〉、〈節葬〉、〈天志〉、〈明鬼〉、〈非樂〉、〈非命〉，皆有上中下三篇，文字雖小異，而大體則同。一人所著，絕不如此重沓，此即墨離為三之證。三家所傳不同，而集錄者兼採之耳。《漢書》稱《墨子》七十一篇，今存五十三篇。

墨子之學，以兼愛、尚同為本。兼愛、尚同則不得不尚賢。至於節用，其旨專在儉約，則所以達兼愛之路也。節葬、非樂，皆由節用來。要之，皆尚儉之法耳。明鬼之道，自古有之，墨子傳之，以為神道設教之助，亦有所不得已。依墨子之道，強本節用，亦有用處，而孟子、荀子非之。孟子斥其兼愛（攻其本體），荀子斥其尚儉（攻其辦法）。夫兼愛之道，乃人君所有事，墨子無其位而有其行，故孟子斥為無父。汪容甫謂孟子厚誣墨子，實非知言。近世治墨學者，喜言〈經上〉、〈經下〉，不知墨子本旨在兼愛、尚同，而尚賢、節用、節葬、非樂是其辦法，明鬼則其作用也。

明鬼自是迷信。春秋戰國之間，民智漸啟，孔子無迷信之語，老子語更玄妙，何以墨子猶有尊天明鬼之說？近人以此致疑老子不應在墨子之前，謂與思想順序不合。不知老子著書，關尹所請，關尹自當傳習其書。《莊子·達生》篇有列子問關尹事，則老子傳之關尹，關尹傳之列子矣。今《列子》書雖是偽託，《莊子》記列子事則可信。〈讓王〉篇言鄭子陽遺粟於列子，據《史記·六國表》、〈鄭世家〉，子陽之死在周安王四年，是時上去孔子之卒八十一年。列子與子陽同時，遺粟之時，蓋已年老，問關尹事，當在其前。關尹受老子之書，又在其前，如此上推，則老、孔本同時，列子與墨子同時。然老子著書傳關尹，關尹傳列子，此外有無弟子不可知。齊稷下先生盛言老子，則在墨子之後五六十年。近人以為思想進步必須有順序，然必須一國之中交通方便，著書易於流布，方足言此。何者？一書之出，人人共見，思想自不致卻退也。若春秋之末，各國嚴分疆界，交通不便，著書則傳諸其人，不若後世之流行，安得以此為論？且墨子足跡，未出魯、宋、齊、楚四國。宋國以北，墨子所未至；老子著書在函谷關，去宋遼遠；列子鄭人，與宋亦尚異處，故謂墨子未見老子之書可也。墨子與孔子同為魯人，見聞所及，故有非儒之說。然《論語》一書，恐墨子亦未之見。《論語》云曾子有疾，孟敬子問之。而《禮記》悼公之喪，孟敬子食食，可見《論語》之成，在魯悼之後，當楚簡王之世。是時墨子已老，其說早已流行，故《論語》雖記孔子「天何言哉」之言，而墨子猶言天志也。

又學派不同，師承各別，墨子即見老、孔之書，亦未必遽然隨之而變。今按：儒家著書在後（儒家首《晏子》），道墨著書在前。《伊尹》、《太公》之書，〈藝文志〉所不信，《辛甲》二十九篇則可信也（辛甲，道家，見《左傳》襄四年）。墨家以《尹佚》二篇開端。尹佚即史佚也。〈藝文志〉所稱某家者流出於某官，多推想之辭。唯道家之出史官，墨家之出清廟之守，確為事實。道家辛甲為周之太史，墨家不但史角為清廟之守，尹佚亦清廟之守。〈洛誥〉逸祝冊可證也。師承之遠，歷五百餘載，學派自不肯輕易改變。故公孟以無鬼之論駁墨子，墨子無論如何不肯信也。春秋之前，道家有辛甲，墨家有尹佚。《左傳》引尹佚之語五，《國語》引之者一，而辛甲則鮮見稱引，可見尹佚之學流傳甚廣，而辛甲之學則不甚傳。老子本之辛甲，墨子本之尹佚，二家原本不同，以故墨子即親見老子之書，亦不肯隨之而變也。

《禮記》孔子語不盡可信，而《論語》及《三朝記》，漢儒皆以為孔子之語，可信。《三朝記．千乘篇》云：「下無用則國家富，上有義則國家治，長有禮則民不爭，立有神則國家敬，兼而愛之，則民無怨心，以為無命，則民不偷。昔者先王立此六者，而樹之德，此國家所以茂也。」今按：孔子所言，與墨子相同者五 —— 無用即不奢侈之意，墨子所謂節用也；上有義即墨子所謂尚同也；立有神即墨子所謂明鬼也；以為無命即墨子所謂非命也。蓋尹佚有此言，而孔子引之。其中不及節葬、非樂者，據《禮記．曾子問》：「下殤，土周，葬於園，遂輿機而往。」史佚有子而殤，棺斂於宮中，於此可見史佚不主節葬。周用六代之樂，史佚王官，亦斷不能非之。節葬、非樂乃墨子量時度勢之言。尹佚當太平時，本無須乎此。墨子經春秋之亂，目睹厚葬以致發塚（《莊子》有「詩禮發塚」語可證），故主節葬。春秋之初，樂有等級，及季氏僭用八佾，三家以雍徹，後又為女樂所亂（齊人饋女樂可見），有不得不非之勢。蓋節葬、非樂二者，本非尹佚所有，乃墨子以意增加者也。其餘兼愛、尚同、明鬼、節用，自尹佚以來已有之。尚賢老子所非，其名固不始於墨子。墨子明鬼，但能稱引典籍而不能明言其理，蓋亦遠承家法，非己意所發明也。

孔老之於鬼神，措辭含蓄，不絕對主張其有，亦不絕對主張其無。老子曰：「以道蒞天下，其鬼不神。」韓非解之曰：「夫內無痤疽癉痔之害，而外無刑罰法誅之禍者，其輕恬鬼也甚，故曰『以道蒞天下，其鬼不神。』」蓋天下有道，禍福有常，則鬼神不足畏矣。孔子曰：「敬鬼神而遠之。」然《中庸》曰：「鬼神之為德，視之而弗見，聽之而弗聞，體物而不可遺，洋洋乎如在其上，如在其左右。」如此旁皇周浹，又焉能遠？蓋孔老之言，皆謂鬼神之有無，全視人之信不信耳。至公孟乃昌言無鬼之論，此殆由孔老皆有用世之志，不肯完全摧破迷信，正所謂不信者吾亦信之也。公孟在野之儒，無關政治，故公然論無鬼矣。凡人類思想，固由閉塞而漸進於開明，然有時亦未見其然，竟有先進步而後卻退者。如鬼神之說，政治衰則迷信甚，信如老子之言。然魏有王弼、何晏崇尚清談，西晉則樂廣、王衍大扇玄風，於是迷信幾於絕矣。至東晉而葛洪著《抱朴子》內外篇，外篇語近儒家，內篇則專論煉丹。爾時老莊一生死、齊彭殤之論已成常識，而抱朴猶信煉丹，以續神仙家之緒。又如陽明學派，盛行於江西，而袁了凡亦江西人，獨倡為功過格，以承道教之風。夫清談在前，而後有葛洪；陽明在前，而後有袁黃——皆先進步而後卻退也。一人之思想，絕不至進而復退。至於學說興替，師承不同，則進退無常。以故老子之言玄妙，孔子之言灑落，而墨子終不之信也。且墨子明鬼亦有其不得已者在。墨子之學，主於兼愛、尚同，欲萬民生活皆善，故以節用為第一法。節用則家給人足，然後可成其兼愛之事實，以節用故反對厚葬，排斥音樂。然人由儉入奢易，由奢反儉難。莊子曰：「以裘褐為衣，以跂蹻為服，墨子雖獨能任，奈天下何？」墨子亦知其然，故用宗教迷信之言誘之，使人樂從，凡人能迷信，即處苦而甘。苦行頭陀，不憚赤腳露頂，正以其心中有佛耳。南宋有邪教曰吃菜事魔，其始蓋以民之窮困，故教之吃菜，然恐人之不樂從也，故又教之事魔，事魔則人樂吃菜矣。於是從之者，皆漸饒益，論者或謂家道之豐，乃吃菜之功，非事魔之報；當禁事魔，不禁吃菜，其言似有理，實可笑也。夫不事魔，焉肯吃菜？墨子之明鬼，猶此志矣。人疑墨子能作機械，又〈經上〉、〈經下〉辨析精微，明鬼之說，與此不類。不知其有深意存焉。

節用之說，孔老皆同。老子以儉為寶，孔子曰寧儉。事儉有程度，孔子飯蔬飲水，而又割不正不食，固以時為轉移也。墨子無論有無，一以自苦為極。其徒未必人人窮困，豈肯盡聽其說哉？故以尊天明鬼教之，使之起信。此與吃菜事魔，雅無二致。若然，則公孟之論，宜乎不入耳矣。

《墨經》上下所載，即堅白同異之發端。堅白同異，〈藝文志〉稱為名家。名家之前，孔子有正名之語，《荀子》有〈正名〉之篇，皆論大體，不及瑣細。其後《尹文子》亦然。獨《墨子》有堅白同異之說，惠施、公孫龍輩承之，流為詭辯，與孔子、荀子不同。魯哀公欲學小辯，孔子云：「奕固十棋之變，由不可既也，而況天下之言乎？」小辯，蓋即堅白同異之流。小事詭辯，人以為樂。如云「火不熱」、「犬可為羊」，語異恆常，駭人聽聞，無怪哀公樂之也。

〈經〉上下又近於後世科學之語，如：「平，同高也；圜，一中同長也。」解釋皆極精到。然物之形體，有勾股者，有三角者，有六觚者，但講平圜二種，一鱗一爪，偏而不全，總不如幾何學，事事俱備。且其書龐雜，無系統可尋，今人徒以其儲存古代思想，故樂於研討耳。其實不成片段，去〈正名〉篇遠矣。

墨子數稱道禹（《莊子．天下》篇），禹似為其教祖。《周髀算經》釋矩字云：「禹之所以治天下者，此數之所生也。」趙注云：「禹治洪水，望山川之形，定高下之勢，乃勾股之所由生。」《考工記》：「有虞氏上陶；夏后氏上匠。」禹明於勾股測量之術，匠人世守其法以營造宮室，通利溝洫（《考工記》：「匠人建國，水地以懸，置槷以懸，視以景，為規識日出之景與日入之景，晝參諸日中之景，夜考之極星，以正朝夕。」又：「匠人為溝洫，凡行奠水磬折以參伍欲為淵，則勾於矩。」匠人明勾股測量之理，如此能建國行水。而行水、奠水，即禹治水之方也)。墨子既以禹為祖，故亦尚匠，亦擅勾股測量之術。公輸般與之同時，世為巧匠。公輸子削竹木以為鵲，成而飛之，三日不下，而墨子亦能作飛鳶。唯墨子由股術進求其理，故有「平，同高也」、「圓，一中同長也」、「端，體之無序而最前者也」諸語。此皆近於幾何，所與遠西不同者，遠西先有原理，然後以之應用；中國反之，先應用然後求其理耳。

墨子、公輸般皆生於魯，皆能造機械、備攻守。其後，楚欲攻宋，二人解帶為城，以牒為械，試於惠王之前，般九設攻城之機變，墨子九拒之。般之攻械盡，墨子之守圉有餘。此雖墨子誇飾之辭，亦足徵二人之工力相敵矣。

〈藝文志〉稱法家者流，蓋出於理官。余謂此語僅及其半。法家有兩派：一派以法為主，商鞅是也；一派以術為主，申不害、慎到是也。唯韓非兼善兩者，而亦偏重於術。出於理官者，任法一派則然，而非所可語於任術一流。《晉書．刑法志》：「魏文侯師李悝，撰次諸國法，著《法經》六篇，商君受之以相秦。」此語必有所本。今案：商鞅本事魏相公叔座，為中庶子。秦孝公下令求賢，乃去魏之秦。〈秦本紀〉載其事，在孝西元年，當梁惠王十年，上距文侯之卒，僅二十六年，故商鞅得與李悝相接。商鞅不務術，刻意任法，真所謂出於理官者（《法經》即理官之書也）。其餘，申不害、慎到，本於黃老，而主刑名，不純以法為主。韓非作〈解老〉、〈喻老〉，亦法與術兼用者也。太史公以老、莊、申、韓同傳，而商君別為之傳，最為卓識。大概用法而不用術者，能制百姓、小史之奸，而不能制大臣之擅權，商鞅所短即在於是。主術者用意最深，其原出於道家，與出於理官者絕異。春秋時世卿執政，國君往往屈服。反對世卿者，辛伯諫周桓公云：「並後匹嫡，兩政耦國，亂之本也。」（《左傳》桓十八年。）辛伯者，辛甲之後，是道家漸變而為法家矣。管子亦由道家而入法家，〈法法〉篇（雖云法法，其實仍是術也）謂：「人君之勢，能殺人、生人；富人、貧人；貴人、賤人。人主操此六者，以畜其臣；人臣亦望此六者，以事其君。六者在臣期年，臣不忠，君不能奪；在子期年，子不孝，父不能奪。故《春秋》之記，臣有弒其君、子有其弒父者。」其懼大權之旁落如此。老子則云：「魚不可脫於淵，國之利器不可以示人」，語雖簡單，實最扼要。蓋老子乃道家、法家之樞轉矣。其後慎到論勢（見《韓非子．難勢》），申不害亦言術。勢即權也，重權即不得不重術，術所以保其權者也。至韓非漸以法與術並論，然仍重術。〈奸劫弒臣篇〉所論，僅防大臣之簒奪，而不憂百姓之不從令，其意與商鞅不同。夫大臣者，法在其手，徒法不足以為防，必輔之以術，此其所以重術也。《春秋》譏世卿（三傳相同，《左傳》曰：「是以為君，慎器與名，不可以假人」），意亦相同。春秋之後，大臣簒弒者多，故其時論政者，多主專制。主專制者，非徒法家為然，管子、老子皆然，即儒家亦未嘗不然。蓋貴族用事，最易簒奪，君不專制，則臣必擅主。是故孔子有不可以政假人之論。而孟子對梁惠王之言，先及弒君。唯孟子不主用術，主用仁義以消弭亂原，此其與術家不同處耳。莊子以法術仁義都不足為治，故云「竊鉤者誅，竊國者侯」；「絕聖棄智，大盜乃止」。然其時猶無易專制為民主之說，非必古人未見及此，亦知即變民主，無益於治耳。試觀民國以來，選舉大總統，無非藉兵力賄賂以得之。古人深知其弊，故或主執術以防奸，或主仁義以弭亂。要使勢位尊於上，覬覦絕於下，天下國家何為而不治哉！

後世學管、老、申、慎而至者，唯漢文帝；學商鞅而至者，唯諸葛武侯。文帝陽為謙讓，而最能執術以制權臣，其視陳平、周勃，蓋如骨在口矣。初即位，即令宋昌、張武收其兵權，然後以微詞免勃，而平亦旋死。《史》、《漢》皆稱文帝明申、韓之學，可知其不甚重法以防百姓。武侯信賞必罰，一意於法，適與文帝相反，雖自比管仲，實則取法商鞅（《魏氏春秋》記司馬宣王問武侯之使，使對諸葛公夙興夜寐，罰二十以上皆親覽焉，是純用商君之法）。唯《商君書》列六蝨：曰禮樂、曰詩書、曰修善、曰孝弟、曰誠信、曰貞廉、曰仁義、曰非兵、曰羞戰。名為六蝨，實有九事。商鞅以為六蝨成群，則民不用；去其六蝨，則兵民競勸。而武侯〈出師表〉稱「郭攸之、費禕、董允等，此皆良實，志慮忠純」，可見武侯尚誠信、貞廉為重，非之極端用法，不須親賢臣、遠小人也。《商君書》云：「善治者使蹠可信，而況伯夷乎？不能治者使伯夷可疑，而況盜跖乎？勢不能為奸，雖蹠可信也；勢得為奸，雖伯夷可疑也。」獨不念躬攬大柄、勢得犯上，足以致人主之疑乎？夫教人以可疑之道，而欲人之不疑之也，難矣。作法自斃，正坐此論。及關下求舍，見拒而嘆，不已晚乎？韓非〈法定〉云：「申不害言術，公申鞅為法」，二者不可相無。然申不害徒術而無法，「韓者，晉之別國也。晉之故法未息而韓之新法又生；先君之令未收，而後君之令又下。申不害不擅其法，不一其憲令，則奸多。故利在故法前令則道之，利在新法後令則道之，利在故新相反、前後相悖，則申不害雖十使昭侯用術，而奸臣猶有所譎其辭矣。故託萬乘之勁韓十七年而不至於霸王者，雖用術於上，法不勤飾於官之患也」。公孫鞅徒法而無術，其「治秦也，設告相坐而責其實，連什伍而同其罪，賞厚而信，刑重而必。

是以其民用力勞而不休，逐敵危而不卻，故其國富而兵強。然而無術以知奸，則以其富強資人臣而已矣。及孝公、商鞅死，惠王即位，秦法未敗也，而張儀以秦殉韓魏；惠王死，武王即位，甘茂以秦殉周;武王死，昭襄王即位，穰侯越韓、魏而東攻齊，五年而秦不益尺土之地，乃成其陶邑之封；應侯攻韓八年，成其汝南之封」。「故戰勝則大臣尊，益地則私封立：主無術以知奸也。商君雖十飾其法，人臣反用其知。故乘強秦之資，數十年而不至於帝王者，法雖勤飾於官，主無術於上之患也。」其言甚是。以三國之事證之，魏文帝時兵力尚不足，明帝時兵力足矣，末年破公孫淵，後竟滅蜀，而齊王被廢、高貴鄉公被弒。魏室之強，適以成司馬氏奸劫弒臣之禍，其故亦在無術以制大臣也。是故韓非以術與法二者並重。申不害之術，能控制大臣，而無整齊百姓之法，故相韓不能致富強；商鞅之法，能致富強，而不能防大臣之擅權。然商鞅之法，亦唯可施於秦國耳。何者？春秋時，秦久不列諸侯之會盟，故《史記·六國表》云:「秦始小國，僻遠，諸夏賓之，比於戎翟。」商君曰:「始秦戎翟之教，父子無別，同室而居；今我更制其教，而為其男女之別，大築冀闕，營如魯、衛。」可見商鞅未至之時，秦民之無化甚矣。唯其無化，故可不用六蝨，而專任以法。如以商君之法施之關東，正恐未必有效。公叔痤將死，語惠王曰:「公孫鞅年雖少，有奇才。願王舉國而聽之；即不聽用，必殺之，無令出境。」假令惠王用公叔之言，使商鞅行法於魏，魏人被文侯、武侯教化之後，宜非徒法之所能制矣。是故武侯治蜀，雖主於法，猶有親賢臣、遠小人之論。蓋知國情時勢不同，未可純用商君之法也。其後學商鞅者，唐有宋璟，明有張居正。宋璟行法，百官各稱其職，刑賞無私，然不以之整齊百姓。張居正之持法，務課吏職，信賞罰，一號令，然其督責所及，官吏而外則士人也，猶不普及氓庶。於時陽明學派，盛行天下，士大夫競講學議政，居正惡之，盡毀天下書院為公廨。又主沙汰生員。向時童子每年入學者，一縣多則二十，少亦十人。沙汰之後，大縣不過三四人，小縣有僅錄一人者，此與商鞅之法相似（沙汰生員，亭林、船山亦以為當然）。然於小民，猶不如商君持法之峻也。蓋商君、武侯所治，同是小國。以秦民無化，蜀人柔弱，持法尚不得不異。江陵當天下一統之朝，法令之行，不如秦蜀之易。其治百姓，不敢十分嚴厲，固其所也。

商鞅不重孝弟誠信貞廉，老子有「不尚賢，使民不爭」之語，慎到亦謂「塊不失道，無用賢聖」。後人持論與之相近而意不同者，梨洲《明夷待訪錄》所云「有治法無治人」是也（梨洲之言，頗似慎到）。慎到語本老子。老子目睹世卿執政，主權下逮，推原篡奪之禍，始於尚賢。《呂氏春秋·長見篇》云：「太公望封於齊，周公旦封於魯，二君甚相善也。相謂曰：『何以治國？』太公望曰：『尊賢尚功。』周公旦曰：『親親上恩。』太公望曰：『魯自此削矣。』周公旦曰：『魯雖削，有齊者亦必非呂氏也。』其後齊日以大，至於霸，二十四世而田成子有齊國；魯日以削，至於覲存，三十四世而亡。」蓋尊賢上功，國威外達，主權亦必旁落，不能免篡弒之禍；親親尚恩，以相忍為國，雖無篡弒之禍，亦不能致富強也。老子不尚賢，意在防篡弒之禍；而慎到之意又不同。漢之曹參、宋之李沆，皆所謂塊不失道者。曹參日夜飲醇酒，來者欲有言，輒飲以醇酒，莫得開說。李沆接賓客，常寡言，致有無口匏之誚；而沆自稱居重位，實無補，唯中外所陳利害，一切報罷之，少以此報國爾。蓋曹、李之時，天下初平，只須與民休息，庸人擾之，則百姓不得休息矣。慎到之言，不但與老子相近，抑亦與曹、李相近。莊子學老子之術，而評田駢、慎到為不知道。慎到明明出於老子，而莊子詆之者，莊子卓識，異於術法二家。以為有政府在，雖不尚賢，猶有古來聖知之法，可資假借。王莽一流，假周孔之道，行篡弒之事，固已為莊子所逆料。班孟堅曰：「秦燔《詩》、《書》，以立私議；莽誦六藝，以文奸言。殊途同歸。」是故《詩》、《禮》可以發塚，仁、義適以資盜。必也絕聖棄知，大盜乃止。

有國者欲永免簒弒之禍，恐事勢有所不能。日本侈言天皇萬世一系。然試問大將軍用事時，天皇之權何在？假令大將軍不自取其咎，即可取天皇而代之，安見所謂萬世一系耶？辛伯憂兩政耦國，《公羊》譏世卿擅主，即如其說，遏絕禍亂之本，亦豈是久安長治之道？老子以為不尚賢則不爭，然曹操、司馬懿、劉裕有大勛勞於王室，終於簒奪，固為尚賢之過；若王莽無功，起自外戚，亦竟簒漢，不尚賢亦何救於爭哉？若民主政體，選賢與能，即尚賢之謂。尚賢而爭宜矣。

是故論政治者，無論法家、術家，要是苟安一時之計，斷無一成不變之法。至於絕聖棄知，又不能見之實事。是故政治比於醫藥，醫家處方，不過使人苟活一時，不能使人永免於死亡也。

《漢書‧藝文志》：「名家者流，蓋出於禮官。古者名位不同，禮亦異數。」余謂此乃局於一部之言，非可以概論名家也。《荀子‧正名篇》舉刑名、爵名、文名、散名四項。刑名、爵名、文名，皆有關於政治，而散名則普及社會一切事務，與政治無大關係。〈藝文志〉之說，僅及爵名，而名家多以散名為主。荀子因孔子正名之言，作〈正名〉篇，然言散名者多，言刑名、爵名者少。《墨子‧經上、下》以及惠施、公孫龍輩，皆論散名，故名家不全出於禮官也。

名家最得大體者，荀子，次則尹文。尹文之語雖簡，絕無詭辯之風。惠施、公孫龍以及《墨子·經上、下》，皆近詭辯一派，而以公孫龍為最。《法言》稱公孫龍詭辭數萬以為法，而不及尹文、惠施。荀子譏惠施蔽於辭而不知實。其實，惠施尚少詭辯之習也。名家本出孔子正名一語，其後途徑各別，遂至南轅北轍。

孔子正名之言有所本乎？曰：有。《禮記·祭法》云：「黃帝正名百物，以明民共財。」《國語》作「成命百物」，韋註：「命，名也。」鄭注《論語》，「正名謂正書字也。古者曰名，今世曰字」。《禮記》曰：「百名以上則書之於策。」然則黃帝正名，即倉頡造字矣。《易》曰：「上古結繩而治，後世聖人易之以書契。」項籍云：「書，足以記姓名。」造字之初，本以記姓名、造契約，故曰「明民共財」。《易》曰：「理財正辭」，其意亦同。《管子·心術篇》曰：物固有形，形固有名。此言不得過實，實不得延名。姑形以形，以形務名，督言正名。延即延長之意，過也。形不能定形，故須以名定之，此謂名與實不可相爽。然則正名之說，由來已久，孔子特採古人之說爾。

名家主形名，形名猶言名實。孔子之後，名家首推尹文。尹文謂名有三科：一曰命物之名，方圓白黑是也；二曰毀譽之名，善惡貴賤是也；三曰況謂之名，賢愚愛憎是也

(〈大道〉上)。其語簡單膚廓，不甚切當。又云:「有形者必有名，有名者未必有形(如墨子所稱之鬼何有於實?只存名耳)。形而不名，未必失其方圓白黑之實。名而不可尋名，以檢其差，故亦有名以檢形，形以定名，名以定事，事以檢名。察其所以然，則形名之與事物，無所隱其理矣。」(〈大道〉上。)蓋尹文是循名責實一派，無荒誕瑣屑病，唯失之泰簡，大體不足耳。荀子〈正名〉，頗得大體。其時惠施、公孫龍輩已出，故取當時諸家之說而破之。惠施、公孫龍二人之術，自來以為一派，其實亦不同。《莊子·天下篇》載惠施之說十條，與其他辨者之說卵有毛、雞三足者不同。蓋公孫龍輩未服官政，故得以詭辯欺人，而惠施身為卿相(惠施為梁惠王相，並見《莊子》、《呂覽》)，且莊子稱其多方。多方者，方法多也。知其不但為名家而已。黃繚問天地所以不墜、不陷、風雨雷霆之故，惠施不辭而應，不慮而對，遍為萬物說，說而不休，多而無已；猶以為寡，益之以怪。惠施之博學於此可見。葉水心嘗稱惠施之才高於孟子。今案：梁惠王東敗於齊，長子死焉；西喪地於秦七百里；南辱於楚。意欲報齊，以問孟子。孟子不願魏之攻齊，故但言可使制梃以撻秦楚之堅甲利兵。於是惠王問之惠施，惠施對以王若欲報齊，不如因變服折節而朝齊，楚王必怒；王遊人而合其鬥，則楚必伐齊，以休楚而伐疲齊，則必為楚禽，是王以楚毀齊也。惠王從之，楚果伐齊，大敗之於徐州。於此知惠施之有權謀，信如水心之言矣。今就《莊子》所載惠施之說而條辨之，無非形名家言也。一曰至大無外謂之大一，至小無內謂之小一。小一幾何學之點，點無大小長短可言，是其小無內也。大一即幾何學之體，引點而為線，則有長短；引線而為面，則有方圓；引面而為體，是其大可以無外也。點為無內，故曰至小；體可無外，故曰至大。二曰無厚不可積也，其大千里（墨子亦有無厚語）。無厚者，空間也，故不可積。空間無窮，千里甚言其大耳。三曰天與地卑、山與澤平。卑當作比。《周髀算經》云：「天象蓋笠，地法覆盤。」如其說，則天與地必有比連之處矣。《大戴禮記 · 曾子 · 天圓篇》云：「如誠天圓而地方，則是四角之不揜也。」曾子之意，殆與惠施同。山高澤下，人所知也。山上有澤，〈咸〉之象也。黃河大江，皆出崑崙之巔，松花江亦自長白山下注。故云山與澤平也。四曰日方中方睨、物方生方死。今之常言，時間有過去、現在、未來三者，其實無現在之時間，方見日中，而日已睨矣。生理學者謂人體新陳代謝，七年而血肉骸骨都非故我之物，此與佛法剎那、無常之說符合。故曰物方生方死，生死猶佛言生滅爾。五曰大同而與小同異，此謂小同異；萬物畢同畢異，此之謂大同異。此義亦見《荀子 · 正名》篇。同者荀子謂之共，異者荀子謂之別。其言曰：「萬物雖眾，有時而欲遍舉之，故謂之物。物也者，大共名也。推而共之，共則有共，至於無共然後止。有時而欲別舉之，故謂之鳥獸。鳥獸也者，大別名也。推而別之，別則有別，至於無別然後止。」鳥獸皆物也，別稱之曰鳥獸，此之謂小同異。動物、植物、礦物同稱之曰物，是畢同也。物與心為對待，由心觀物，是畢異也，此之謂大同異。六曰南方無窮而有窮，此言太虛之無究，而就地上言之則有窮也。四方皆然，言南方者，舉一隅耳。七曰今日適越而昔來。謂之今日，其為時有斷限；謂之昔，其為時無斷限。就適越一日之程言之，自昧旦至於日入，無非今日也。就既至於越言之，可云昔至也。八曰連環可解。案《國策》，秦昭王嘗遣使者遺君王后連環，曰：「齊多智，解此環不？」君王后以示群臣，群臣不知解。君王后引椎椎破之，謝秦使曰：「謹以解矣。」楊升庵《丹鉛錄》嘗論此事，以為連環必有解法，非椎破之也。今湖南、四川頗有習解連環者。然惠施之意，但謂既能貫之，自能解之而已。其時有無解連環之法則不可知。九曰我知天下之中央，燕之北、越之南是也。此依舊注固可通，然依實事亦可通。據《周髀算經》，以北極為中央，則燕之北至北極、越之南亦至南極，非天之中央而何？十曰泛愛萬物。天地一體也，此係實理，不待繁辭。綜上十條觀之，無一詭辯。其下二十二條，雖有可通者，然用意繳繞，不可謂之詭辯。惠施與莊子相善，而公孫龍聞莊子之言，口呿而不合，舌舉而不下（見〈秋水〉篇）。蓋公孫龍純為詭辯，故莊子不屑與為伍也。

惠施遺書，《漢志》僅列一篇。今欲考其遺事，《莊子》之外，《呂覽》、《國策》皆可資採摭。莊子盛稱惠施。惠施既歿，莊子過其墓，顧謂從者曰：「自夫子之死，吾無以為質。吾無與言之。」（〈徐無鬼〉篇）其推重之如此。然又詆之曰：由天地之道，觀惠施之能，猶一蚉一虻之功（〈天下〉篇），則自道術之大處言之爾。至於「惠子相梁，莊子往見之。或謂惠子曰：『莊子來，欲代子相。』於是惠子恐，搜於國中，三日三夜」（〈秋水〉篇），此事可疑。案：《史記·魏世家》稱惠王卑禮厚幣以招賢者，其時惠施為相，令自己出，宜無拒絕莊子之事。意者鵷雛、腐鼠之喻，但為寓言，以自明其高尚而已。《呂覽·不屈篇》云，魏惠王謂惠子曰：「寡人不若先生，願得傳國。」惠子辭。以子之受燕於子噲度之，《呂覽》之言可信。以此可知惠施之為名家，非後世清談廢事者比。要而論之，尹文簡單，而不玄遠；惠施玄遠矣，尚非詭辯；《墨經上、下》以及公孫龍輩，斯純為詭辯矣。自此輩出，而荀子有〈正名〉之作。

《荀子·正名》本以刑名、爵名、文名、散名並舉，而下文則專論散名。其故由於刑名隨時可變，爵名易代則變；文名從禮，如《儀禮》之名物，後世改變者亦多矣；唯散名不易變。古今語言，雖有不同，然其變以漸，無突造新名以易舊名之事；不似刑名、爵名、文名之隨政治而變也。有昔無而今有、昔微而今著者，自當增作新名。故荀子云：「若有王者起，必有循於舊名，有作於新名。」散名之在人者，荀子舉性、情、慮、偽、事、行、智、能、病、命十項。名何緣而有同異？荀子曰：「緣天官。」此語甚是。人之五官，感覺相近，故言語可通，喜怒哀樂之情亦相近，故論制名之緣由曰緣天官也。其云「單足以喻則單，單不足以喻則兼」，此可破白馬非馬之論。蓋總而名之曰馬，以色別之曰白馬。白馬非馬之論，本無由成立也。至堅白同異之論，堅中無白，白中無堅；白由眼識，堅由身識；眼識有白而無堅，身識有堅而無白；由眼知白，由身知堅，由心綜合而知其為石。於是名之曰石。故堅白同異之論，無可爭也。如此則詭辯之說可破(公孫龍輩所以詭辯者，以其無緣天官一語為之限制，得荀子之說而詭辯自破)。大概草昧之民，思想不能綜合，但知牛之為牛，馬之為馬，不知馬與牛之俱為獸；知雞之為雞，鶩之為鶩，不知雞與鶩之俱為鳥。稍稍進步，而有鳥獸之觀念；再進步而有物之觀念。有物之觀念，斯人類開化矣(其於石也，先覺其堅與白，然後綜合而名之曰石；由石而綜合之曰礦；由草木鳥獸礦而一切包舉之曰物)。荀子又曰：「名無固宜。約之以命，約定俗成謂之宜；異於約則謂之不宜。」蓋物之命名，可彼可此，犬不必定謂之犬，羊不必定謂之羊；唯既呼之為犬、為羊，則約定俗成，犬即不可以為羊也。制名之理，本無甚高深，然一經制定，則不可以變亂。孔子謂「名不正則言不順；言不順則事不成；事不成則禮樂不興；禮樂不興，則刑罰不中；刑罰不中則民無所措手足」，此推論至極之說。施於政治、文牘最要。若指鹿為馬，則循名不能責實，其弊至於無所措手足矣。

要之，形與名務須切合，儒家正名之旨在此（《管子》已有此語）。為名家者，即此已定。惠施雖非詭辯，然其玄遠之語，猶非為政所急。以之講學則可，以之施於政治則無所可用。至其他繳繞之論，適足亂名實耳。

原儒

儒有三科，關達、類、私之名，達名為儒，儒者，術士也。（《說文》。）太史公〈儒林列傳〉曰：秦之季世坑術士，而世謂之坑儒。司馬相如言：列仙之儒，居山澤間，形容甚臞。（《漢書．司馬相如傳》語，《史記》儒作傳誤。）趙太子悝亦語莊子曰：夫子必儒服而見王，事必大逆。（見《莊子．說劍篇》。）此雖道家方士言儒也。《鹽鐵論》曰：齊宣王褒儒尊學，孟軻、淳于髡之徒，受上大夫之祿，不任職而論國事。蓋齊稷下先生千有餘人，湣王矜功不休，諸儒諫不從，各分散，慎到、捷子亡去，田駢如薛，而孫卿適楚。（〈論儒〉。）王充作〈儒增〉、〈道虛〉、〈談天〉、〈說日〉是應，舉儒書所稱者，有魯般刻鳶，由基中楊，女媧煉石，共工觸柱，觟䚦治獄，屈軼指佞，黃帝騎龍，淮南王犬吠天上，雞鳴雲中，李廣射寢石、矢沒羽，荊軻以匕首擲秦王，中銅柱入尺。日中有三足烏，月中有兔蟾蜍。是諸名籍，道、墨、名、法、陰陽、神仙之倫，旁有雜家所記，列傳所錄，一謂之儒，明其皆公族。

太古始有儒，儒之名蓋出於需。需者，雲上於天，而儒亦知天文、識旱潦，何以明之？鳥知天將雨者曰鷸（《說文》），舞旱嘆者以為衣冠（〈釋鳥〉，翠鷸，是鷸即翠。〈地官〉舞師，教皇舞帥而舞旱嘆之事。〈春官〉樂師，有皇舞，故書皇皆作「翌」。鄭司農云：翌舞者，以羽覆冒頭上，衣飾翡翠之羽，尋旱嘆求雨而服翡翠者，以翠為知雨之鳥故。），鷸冠者，亦曰術氏冠（《漢·五行志》注引《禮圖》），又曰圜冠。莊周言，儒者冠圜冠者知天時，履句屨者知地形，緩佩玦者事至而斷（〈田子方篇〉文，〈五行志〉注引《逸周書》文同。《莊子》圜字作鷸，《續漢書·輿服志》云：鷸冠前圜），明靈星舞子籲嗟以求雨者謂之儒，故曾皙之狂而志舞雩，原憲之狷而服華冠（華冠，亦名建華冠。《晉書·輿服志》以為即鷸冠，華皇亦一聲之轉），皆抗節不耦於同世闒儒，願一返太古，忿世為巫，辟易放志於鬼道。（陽狂為巫，古所恆有，曾、原二生之志，豈以靈保自居哉，亦以是通其狂惑而已。董仲舒不喻斯旨，而崇飾土龍，乞效蝦蟆，燔豭薦脯，以事求雨，其愚亦甚。）然則上古之儒固然，非後世所宜效也。古之儒知天文古候，謂其鄉技，其後施易，故號遍施於九流，諸有術者，悉晐之矣。

類名為儒，儒者，知禮樂射御書數。〈天官〉曰：儒以道得民。說曰：儒，諸侯保氏，有六藝以教民者。〈地官〉曰：聯師儒。說曰：師儒，鄉里教以道藝者。此則躬備德行為師，效其材藝為儒。養由基射白蝯，應矢而下；尹儒學御三年，受秋駕。《呂氏》曰：皆六藝之人也。（《呂氏春秋·博志篇》。）明二子皆儒者，儒者則足以為楨幹矣。私名為儒。《七略》曰：儒家者流，蓋出於司徒之官，助人君順陰陽明教化者也。

遊文於六經之中，留意於仁義之際，祖述堯、舜，憲章文、武，宗師仲尼，以重其言，於道為最高。周之衰，保氏失其守，史籀之書，商高之算，蜂門之射，范氏之御，皆不自儒者傳。故孔子曰：吾猶及史之闕文也，有馬者借人乘之，今亡矣夫。蓋名契亂，執轡調御之術，亦浸不正，自詭鄙事，言君子不多能，為當世名士顯人隱諱，及〈儒行〉稱十五儒，《七略》疏晏子以下五十二家，皆粗明德行政教之趣而已，未及六藝也。其科於《周官》為師，儒絕而師假攝其名。然自孟子、孫卿，多自擬以天子三公。智效一官，奔走禦侮則劣矣。而末流亦彌以嘩世取寵。及酈生、陸賈、平原君之徒，餔歠不廉，德行亦敗，乃不如刀筆吏。是三科者，皆不見五經家。（漢世稱今文家為五經家，其古文家則不用是稱，見《後漢書．賈逵傳》。）往者，商瞿、伏勝、穀梁赤、公羊高、高堂生諸老，《七略》格之，名不登於儒籍。（若孫卿書敘錄云：韓非號韓士，又浮丘伯皆受業為名儒，此則韓非、浮丘並得名儒之號，乃達名矣。《鹽鐵論．毀學篇》云：包丘子修道白屋之下，樂其志，或非專治經者。）儒者遊文，而五經家專致，五經家骨鯁守節過儒者，其辯智弗如。（傳經之士，古文家吳起、李克、虞卿、孫卿而外，知名於七國者寡。儒家則孟子、孫卿、魯連、寧越皆有顯聞。蓋五經家不務遊說，其才亦未逮也。至漢則五經家復以其術取寵，本末兼隕，然古文家獨異是。古文家務求是，儒家務致用，亦各有適，兼之者李克、孫卿數子而已。五經家兩無所當，顧欲兩據其長，《春秋》斷獄之言，遂為厲於天下。）此其所以為異。自太史公始以儒林題齊、魯諸生，徒以潤色孔氏遺業，又尚習禮樂絃歌之音，鄉飲大射，事不違藝，故比而次之。及漢有董仲舒、夏侯始昌、京房、翼奉之流，多推五勝，又占天官風角，與鶡冠同流。草竊三科之間，往往相亂。晚有古文家出，實事求是，徵於文不徵於獻，諸在口說，雖游、夏猶黜之，斯蓋史官支流，與儒家益絕矣。

冒之達名，道、墨、名、法、陰陽、小說、詩賦、經方、本草、蓍龜、形法，此皆術士，何遽不言儒。局之類名，蹴鞠弋道近射，歷譜近數，調律近樂，猶虎門之儒所事也。（若以類名之儒言之，趙爽、劉徽、祖暅之明算，杜夔、阮咸、萬寶常之知樂，悉成周之真儒矣。）今獨以傳經為儒，以私名則異，以達名類名則偏，要之題號由古今異。儒猶道矣，儒之名於古通為術士，於今專為師氏之守；道名於古通為德行道藝，於今專為老聃之徒。道家之名，不以題諸方技者，嫌與老氏掍也。傳經者復稱儒，即與私名之儒淆亂。（《論衡 · 書解篇》曰：著作者乃文儒，說經者為世儒。世儒業易為，文儒之業，卓絕不循。彼虛說，此實篇。案所謂文儒者，九流六藝太史之屬；所謂世儒者，即今文家。以此為別，似可就部，然世儒之名，又不可施諸劉歆、許慎也。）孔子曰：今世命儒亡常，以儒相詬病，謂自師氏之守以外，皆宜去儒名便，非獨經師也。以三科悉稱儒，名實不足以相檢，則儒常相伐，故有理情性陳王道，而不麗保氏，身不跨馬，射不穿札，即與駁者，則以呰窳詬之，以多藝匡之，是以類名宰私名也。有審方圓正書名，而不經品庶，不念烝民疾疢，即與駁者，則以他技詬之，以致遠匡之，是以私名宰類名也。有綜九流齊萬物，而不一孔父，不蹩躠為仁義，即與駁者，則以左道詬之，以尊師匡之，是以私名宰達名也。今令辯士藝人閎眇之學，皆棄捐儒名，避師氏賢者路，名喻則爭自息。不然，儒家稱師，藝人稱儒，其餘各名其家，泛言曰學者，旁及詩賦，而泛言曰文學。（文學名，見《韓子》，亦七國時泛稱也。）亦可以無相鑿矣。禮樂世變易，射御於今粗觕，無參連白矢交衢和鸞之技，獨書數仍世益精博。凡為學者，未有能捨是者也。三科雖殊，要之以書數為本。

原道

上

孔父受業於徵藏史，韓非傳其書，儒家、道家、法家異也，有其同；莊周述儒、墨、名、法之變，已與老聃分流，盡道家也，有其異。是樊然者，我乃知之矣。老聃據人事嬗變，議不逾方。莊周者，旁羅死生之變、神明之運，是以鉅細有校。儒、法者流，削小老氏以為省，終之其殊在量，非在質也。然自伊尹、太公有撥亂之材，未嘗不以道家言為急（《漢・藝文志》道家有《伊尹》五十一篇、《太公》二百三十七篇），跡其行事，以間諜詐欺取人，異於儒、法，今可見者猶在《逸周書》。故周公詆齊國之政；而仲尼不稱伊、呂，管子者祖述太公，謂之小器，有由也（《管子》八十六篇亦在道家）。老聃為周徵藏史，多識故事，約〈金版〉、〈六弢〉之旨，著五千言以極其情，則伊、呂亡所用。亡所用故歸於樸，若墨翟守城矣，巧過於公輸般，故能壞其攻具矣。談者多以老聃為任權數，其流為范蠡、張良。今以莊周〈胠篋〉、〈馬蹄〉相角，深黜聖知，為其助大盜，豈遽與老聃異哉？老聃所以言術，將以擿前王之隱慝，取之玉版，布之短書，使人人戶知其術則術敗。會前世簡畢重滯，力不行遠，故二三奸人得因自利。及今世有赫蹏雕鏤之技，其書徧行，雖權數亦幾無施矣。老聃稱「古之善為道者，非以明民，將以愚之」，「民之難治，以其智多」。愚之何道哉？以其明之，所以愚之。今是駔儈則欺罔人，然不敢欺罔其類，交知其術也，故耿介甚。以是知去民之詐，在使民戶知詐，故曰「以智治國國之賊，不以智治國國之福」。知此兩者亦稽式。何謂稽式？謂人有發奸擿伏之具矣。粵無鎛，燕無函，秦無廬，胡無弓車，夫人而能之，則工巧廢矣。常知稽式，是謂玄德。玄德深遠，而與物反。伊尹、太公、管仲雖知道，其道盜也。得盜之情，以網捕者，莫若老聃，故老聃反於王伯之輔，同於莊周，嬗及儒家，痟矣！若其開物成務，以前民用，玄家弗能知，儒者揚雄之徒亦莫識也。知此者韓非最賢(凡周秦解故之書今多亡佚，諸子尤寡。《韓子》獨有〈解老〉、〈喻老〉二篇。後有說《老子》者，宜據韓非為大傳而疏通證明之，其賢於王輔嗣遠矣。韓非他篇亦多言術，由其所習不純，然〈解老〉、〈喻老〉未嘗雜以異說，蓋其所得深矣)。非之言曰：「先物行先理動之謂前識，前識者，無緣而妄意度也。」「以詹何之察，苦心傷神，而後與五尺之愚童子同功，故曰：『前識者，道之華也，而愚之首也。』」(〈解老〉。）夫不事前識，則卜筮廢，圖讖斷，建除、堪輿、相人之道黜矣。巫守既絕，智術穿鑿，亦因以廢，其事盡於徵表。此為道藝之根，政令之原。是故私智不效則問人，問人不效則求圖書，圖書不效則以身按驗。故曰絕聖棄智者，事有未來，物有未睹，不以小慧隱度也。絕學無憂者，方策足以識梗概，古今異、方國異、詳略異，則方策不獨任也。不上賢使民不爭者，以事觀功，將率必出於介胄，宰相必起於州部，不貴豪傑，不以流譽用人也。（按不上賢之說，歷世守此者寡。漢世選吏多出掾史，猶合斯義。及魏晉間而專徇虛名矣。其後停年格興，弊亦差少，選曹之官，即古司士所不得廢也。觀遠西立憲之政，至於朋黨爭權，樹標揭鼓以求選任，處大官者，悉以苞苴酒食得之，然後知老子、韓非所規深遠矣。顧炎武、黃宗羲皆自謂明習法制，而多揚破格用人之美，攻選曹拘牽之失，夫烏知法！）名其為簡，繁則如牛毛。夫繁故足以為簡矣，劇故足以為整暇矣。莊周因之以號〈齊物〉。齊物者，吹萬不同，使其自己。官天下者以是為北招搖，不慕往古，不師異域，清問下民，以制其中，故相地以衰徵、因俗以定契自此始。韓非又重申束之曰：「凡物之有形者，易裁割也。何以論之？有形則有短長，有短長則有小大，有小大則有方圓，有方圓則有堅脆，有堅脆則有輕重，有輕重則有黑白。短長、小大、方圓、堅脆、輕重、黑白之謂理，理定而物易割，故議於大庭而後言則立，權議之士知之矣。故欲成方圓而隨其規矩，則萬物之功形矣。萬物莫不有規矩，議言之士，計會規矩也。聖人盡隨於萬物之規矩，故曰：『不敢為天下先。』」（〈解老〉。）推此以觀，其用至孅悉也。玄家或佚蕩為簡，猶高山之與深淵、黑漆之與白堊也。玄家之為老，息廢事服，吟嘯以忘治亂。韓非論之曰：「隨時以舉事，因資而立功，用萬物之能而獲利其上，故曰：『不為而成。』」（〈喻老〉。）明不為在於任官，非曠務也。又曰：「法令滋章，盜賊多有。」玄家以為老聃無所事法，韓非論之曰：「一人之作，日亡半日，十日亡五人功；萬人之作，日亡半日，十日亡五萬人功矣。然則數變業者，其人彌眾，其虧彌大。」（〈解老〉。）明官府徵令不可亟易，非廢法也。綜是數者，其要在廢私智、絕縣㑹，不身質疑事，而因眾以參伍，非出史官周於國聞者，誰與領此！然故去古之宥，成今之別，其名當，其辭辯，小家珍說無所容其迋，諸以偽抵讕者無所閱其奸欺。老聃之言，則可以保傅人天矣。大匠不斫，大庖不豆，故《春秋》寶書之文，任之孔、左。斷神事而公孟言無鬼，尚裁制而公孫論堅白，貴期驗而王充作《論衡》，明齊物而儒、名、法不道天志。（按儒家、法家皆出於道，道則非出於儒也。韓愈疑田子方為莊子師。按莊子所稱鉅人明哲非獨一田子方，其題篇者又有則陽、徐無鬼輩，將悉是莊子師邪？俗儒又云莊子述〈天下篇〉，首列六經，明其尊仰儒術。六經者周之史籍，道、墨亦誦習之，豈專儒家之業！）

上

老子之道任於漢文，而太史公〈儒林列傳〉言孝文帝本好刑名之言，是老氏固與名法相倚也。然孝文假借便佞，令鄧通鑄錢布天下，既悖刑名之術；信任爰盎，淮南之獄，不自責躬，而遷怒縣傳不發封者，枉殺不辜，戾法已甚，豈老氏所以在政哉！若其責歲計於平、勃；聽處當於釋之；賈生雖賢，非歷試則不任以卿相；亞夫雖傑，非勞軍則不屬以吳楚，斯中老氏之繩尺矣。蓋公、汲黯以清淨不擾為治，特其一端。世人云漢治本於黃老，然未足盡什一也。諸葛治蜀，庶有冥符。夫其開誠心，布公道，盡忠益時者雖仇必賞，犯法怠慢者雖親必罰，服罪輸情者雖重必釋，遊辭巧飾者雖輕必戮，庶事精練，物理其本，循名責實，虛偽不齒，聲教遺言，經事綜物，文采不豔，而過於丁寧周至，公誠之心，形於文墨，老氏所經，蓋盡於此。（諸葛之缺猶在上賢，劉巴方略未著，而云運籌帷幄吾不如子初遠矣；馬謖言過其實，優於兵謀，非能親在行陳者也，而違眾用之，以取覆敗。蓋漢末人士，務在崇獎虛名，諸葛亦未能自外爾。）漢世學者數言救僿以忠，終其所尚，乃在正朔、服色、徽識之間，不悟禮為忠信之薄。外炫儀容，適與忠反，不有諸葛，誰知其所底哉？杜預為黜陟，課云「使名不越功而獨美，功不後名而獨隱」，亦有不上賢遺意。韓延壽治郡，謝安柄國，並得老氏緒言。而延壽以奢僭致戮，謝安不綜名實，皆非其至。其在下者，談、遷父子其著也。道家出於史官，故史官亦貴道家。然太史持論，過在上賢，不察功實。李廣數敗而見稱，晁錯立效而被黜，多與道家背馳。要其貴忠任質則是也。黃生以湯、武弒君，此不明莊子意者。七國齊晉之主，多由強臣盜位，故莊生言之則為抗；漢世天位已定，君能恣行，故黃生言之則為諂。要與伊、呂殊旨，則猶老氏意也。楊王孫之流，徒有一節，未足多尚。晉世嵇康憤世之流，近於莊氏；李充亦稱老子，而好刑名之學，深抑虛浮之士；阮裕謂人不須廣學，應以禮讓為先，皆往往得其微旨。葛洪雖抵拒老莊，然持論必與前識上賢相反，故其言曰：「叔向之母，申氏之子，非不一得，然不能常也。陶唐稽古而失任，姬公欽明而謬授，尼父遠得崇替於未兆，近失澹臺於形骸，延州審清濁於千載之外，而蔽奇士於咫尺之內知人之難，如此其甚。郭泰所論，皆為此人過上聖乎？但其所得者顯而易識，其失者人不能紀。」（《抱朴子·清鑑篇》。）是亦可謂崇實者矣。若夫扇虛言以流聞望，借玄辭以文膏粱，適與老子尚樸之義相戾。然則晉之亂端，遠起漢末，林宗、子將，實唯國蠹，禍始於前王，而釁彰於叔季。若厲上賢之戒，知前識之非，浮民誇士，何由至哉！《中論·考偽篇》曰：今之為名者，巧人之雄，偽夫之傑，「然中才之徒，咸拜手而贊之，揚聲以和之，被死而後論其遺烈，被害而猶恨己不逮」。〈譴交篇〉曰：世之衰也，「取士不由於鄉黨，考行不本於伐閱，多助者為賢才，寡助者為不肖，序爵聽無證之論，班錄採方國之謠。民見其如此者，知富貴可以從眾為也，知名譽可以虛嘩獲也，乃離其父兄，去其邑里，不修道義，不治德行，講偶時之說，結比周之黨，汲汲皇皇，無日以處，更相嘆揚，迭為表裡，檮杌生華，憔悴布衣，以欺人主、惑宰相、竊選舉、盜榮寵者，不可勝數。桓靈之世，其甚者也。自公卿大夫，州牧郡守，王事不恤，賓客為務，冠蓋填門，儒服塞道，飢不暇餐，倦不獲已。殷殷沄沄，俾夜作晝，下及小司，列城墨綬，莫不相商以得人，自矜以下士。星言夙駕，送往迎來，亭傳常滿，吏卒傳問，炬火夜行，閽寺不閉，把臂捩腕，扣矢矢誓，推託恩好，不較輕重，文書委於官曹，繫囚積於囹圄，而不皇省也。詳察其為，非欲憂國恤民、謀道講德也，徒營己治私、求執逐利而已。有策名於朝而稱門生於富貴之家者，比屋有之。為之師而無以教，弟子亦不受業。或奉貨行賂，以自固結，求志屬託，規圖仕進，然擲目指掌，高談大語，若此之類，言之獨可羞，而行之者不知恥。」是則林宗、子將之倫，所務可知。儒士為之，誠不足異；而魏氏中世道家猝起，不矯其失，彌益增華。莊生所云上誠好知，使民接跡諸侯之境，結軌千里之外，矯言偽行以求富貴者，窅乎如不聞也。王粹嘗圖莊周於室，欲令嵇含為贊。含援筆為弔文曰：「帝婿王弘遠，華池豐屋，廣延賢彥，圖莊生垂綸之象，記先達辭聘之事，畫真人於刻桷之室，載退士於進趣之堂，可謂託非其所，可弔不可讚也。」（《晉書‧嵇含傳》。）斯足以揚榷誠偽、平章白黑矣！

中

老聃不尚賢，墨家以尚賢為極，何其言之反也？循名異，審分同矣。老之言賢者，謂名譽、談說、才氣也；墨之言賢者，謂材力、技能、功伐也。不尚名譽，故無朋黨；不尊談說，故無遊士；不貴才氣，故無驟官，然則材力、技能、功伐舉矣。墨者曰：「以德就列，以官服事，以勞殿賞。」（〈尚賢上篇〉。）世之言賢，侈大而不可講試。朝市之地，菆井之間，揚徽題褚，以衒其名氏，選者尚日任眾。眾之所與，不由質情，徒一二人眩之也。會在戰國，奸人又因緣外交，自暴其聲，以輿馬瑞節之間，而得淫名者眾。既不校練，功楛未可知；就有楨材，其能又不與官適。夫茹黃之駿，而不可以負重；橐佗之強，而不可以從獵。不檢其材，猥以賢遍授之官，違分職之道，則管仲、樂毅交困。是故古之能官人者，不由令名。問其師學，試之以其事，事就則有勞，不就則無勞，舉措之分以此。故韓非曰：「視鍛錫而察青黃，區冶不能以必劍；水擊鵠雁，陸斷駒馬，則臧獲不疑鈍利。發齒吻形容，伯樂不能以必馬；授車就駕而觀其末塗，則臧獲不疑駑良。觀容服、聽辭言，仲尼不能以必士；試之官職，課其功伐，則庸人不疑於愚智。」（〈顯學篇〉。）此夫所謂不尚賢者也。尚賢者非舍功實而用人，不尚賢者非投鉤而用人，其所謂賢不同，故其名異。不徵其所謂而徵其名，猶以鼠為璞矣。慎子蔽於執，故曰夫塊不失道，無用賢聖（《莊子‧天下篇》）；汲黯蔽於世卿，故憤用人如積薪，使後來者居上。誠若二子言，則是名宗大族世為政也。夫老聃曰：「三十輻共一轂，當其無，有車之用；挻埴以為器，當其無，有器之用；鑿戶牖以為室，當其無，有室之用。故有之以為利，無之以為用。」今處中者已無能矣，其左右又益罷，是重尪也。重尪者安賴有君吏？明其所以任使者，皆股肱畢強，技術輻湊，明刑辟而治官職者也。則此言不尚賢者，非慎、汲之所守也。君之不能，勢所踧矣。何者？辯自己成、藝自己出、器自己造之謂能，待輩群而成者非能。往古黔首僻陋侗愚，小慧之士得前民造作，是故庖犧作結繩，神農嘗百藥，黃帝製衣裳，少康為秫酒，皆以其能登用為長。後世官器既備，凡學道立方者，必有微妙之辯，巧竘之技，非絕人事苦心焦形以就則不至。人君者，在黃屋羽葆之中，有料民聽事之勞矣，心不兩役，欲與疇人百工比巧猶不得，況其至展察者！君之能盡乎南面之術矣。其道簡易，不名一器，下不比於瓦缶，上又不足當玉卮。又其成事，皆待眾人，故雖斥地萬里，破敵鉅億，分之即一人斬一級矣；大施鉤梯，鑿山通道，分之即一人治一坺矣。其事至微淺，而籌策者猶在將吏。故夫處大官載神器者，佻人之功，則剽劫之類也；己無半技，則奄尹之倫也。然不竟廢黜者，非謂天命所屬與其祖宗之功足以垂遠也，老子固曰無之以為用。君人者既不覺悟，以是自庶侈，謂名實皆在己，為民主者又彌自喜，是故〈齊物〉之論作，而達尊之位成。一國之中，有力不辯官府，而俗以之功、民以之慧、國以之華者，其行高世，其學鉅子，其藝大匠，其辭瑰稱。有其一者，權藉雖薄也，其尊當比人主而已矣。凡學術分科至博，而治官者多出於習政令。漢嘗黜九流，獨任吏，次即賢良文學。賢良文學既褊陋，而吏識王度、通故事，又有八體之技，能窺古始，自優於賢良文學也。今即習政令最易，其他皆刳心。習易者擅其威，習難者承流以仰咳唾。不平，是故名家有去尊（見〈原名篇〉），凡在官者名曰僕役，僕役則服囚徒之服，當其在官，不與齊民齒。

下

人君者，剽劫之類，奄尹之倫。老聃明君術，是同於剽劫奄尹也。曰：異是。道者，內以尊生，外以極人事，箟析之以盡學術，非獨君守矣。故韓非曰：「道者，萬物之所然，萬理之所稽也。理者，成物之文。道者，萬物之所以成。物有理不可以相薄，而道盡稽萬物之理，故不得不化。不得不化，故無常操。無常操，是以死生氣稟焉，萬智斟酌焉，萬事廢興焉。天得之以高，地得之以臧，維斗得之以成其威，日月得之以恆其光，五常得之以常其位，列星得之以端其行，四時得之以御其變氣，軒轅得之以擅四方，赤松得之與天地統，聖人得之以成文章。道與堯舜俱智，與接輿俱狂，與桀紂俱滅，與湯武俱昌。譬諸飲水，溺者多飲之即死，渴者適飲之即生；譬若劍戟，愚人以行忿則禍生，聖人以誅暴則福成。故得之以死，得之以生，得之以敗，得之以成。」（〈解老〉。）此其言道，猶浮屠之言「如」邪？（譯皆作真如，然本但一如字。）有差別此謂理，無差別此謂道。死生成敗皆道也，雖得之猶無所得，〈齊物〉之論由此作矣。韓非雖解老，然他篇娓娓以臨政為齊，反於政必黜，故有〈六反〉之訓，〈五蠹〉之詬。夫曰「斬敵者受賞，而高慈惠之行；拔城者受爵祿，而信廉愛之說；堅甲厲兵以備難，而美薦紳之飾；富國以農，距敵恃卒，而貴文學之士；廢敬上畏法之民，而養游俠私劍之屬，舉行如此，治強不可得也。」（〈五蠹〉。）然不悟政之所行與俗之所貴，道固相乏，所賞者當在彼，所貴者當在此。今無慈惠廉愛，則民為虎狼也；無文學，則士為牛馬也。有虎狼之民、牛馬之士，國雖治，政雖理，其民不人。世之有人也，固先於國，且建國以為人乎？將人者為國之虛名役也？韓非有見於國，無見於人；有見於群，無見於孑。政之弊以眾暴寡，誅巖穴之士；法之弊以愚割智，無書簡之文。以法為教，無先王之語，以吏為師（〈五蠹〉）。今是有形之類，大必起於小；行久之物，族必起於少（〈喻老〉）。韓非之所知也。眾所不類，其終足以立烝民，蓬艾之間，有陶鑄堯舜者，故眾暴寡非也。其有回遹亂常、與眾不適者，法令所不能治，治之益甚，民以情偽相攻即自敗。故老子曰：「常有司殺者殺，夫代司殺者殺，是謂代大匠斫。」韓非雖賢，猶不悟。且韓非言大體，固曰不引繩之外，不推繩之內，不急法之外，不緩法之內矣（〈大體〉）。明行法不足具得奸邪，貞廉之行可賤邪？不逆天理，不傷情性（〈大體〉），人之求智慧辯察者，情性也，文學之業可絕邪？榮辱之責，在於己不在於人（〈大體〉），匹夫之行可抑邪？莊周明老聃意，而和之以齊物，推萬類之異情，以為無正味正色，以其相伐，使並行而不害，其道在分異政俗，無令干位，故日得其環中，以應無窮者，各適其欲以流解說，各修其行以為工宰，各致其心以效微妙而已矣。政之所具不過經令，法之所禁不過奸害，能說諸心，能研諸慮，以成天下之亹亹者，非政之所與也。米藥以為食，鑿山以為宮，身無室家農圃之役、升斗之稅，不上於王府，雖不臣天子，不耦群眾，非法之所禁，版法格令，不得剟一字也。操奇說者能非之，不以非之剟其法，不以尊法罪其非，君臣上下，六親之際，雅俗所守，治眇論者所駁也，守之者不為變，駁之者無所刑。國有群職，王公以出治，師以式民，儒以通古今會文理，百工以審曲面勢立均出度，其權異，其尊不異。地有九州，賦不齊上下，音不齊清濁，用不齊器械，居不齊宮室，其樞同，其取予不同，皆無使相干也。夫是之謂大清明，夫是之謂天下之至柔，馳騁天下之至堅。法家者，削小老氏以為省，能令其國稱娖，而不能與之為人。黨得莊生緒言以自飭省，賞罰不厭一，好惡不厭岐，一者以為群眾，岐者以優匹士，因道全法，則君子樂而大奸止。其後獨王弼能推莊生意，為《易略例》，明一以彖曰：「自統而尋之，物雖眾，則知可以執一御也；由本以觀之，義雖博，則知可以一名舉也。處旋機以觀大運，則天地之動，未足怪也;據會要以觀方來，則六合輻湊，未足多也。故舉卦之名，義有主矣；觀其彖辭，則思過半矣。夫古今雖殊，軍國異容，中之為用，故未可遠也。品制萬變，宗主記憶體焉。」（〈明彖〉。）明岐以爻曰：「情偽之動，非數之所求也。故合散屈伸，與體相乖。形躁好靜，質柔愛剛，體與情反，質與願違。巧歷不能定其算數，聖明不能為之典要，法制所不能齊，度量所不能均也。召雲者龍，命呂者律，二女相違，而剛柔合體。隆坻永嘆，遠壑必盈。投戈散地，則六親不能相保；同舟而濟，則胡越何患乎異心。故苟識其情，不憂乖違；苟明其趣，不煩強武。」（〈明爻通變〉。）推而極之，大象準諸此，寧獨人事之云云哉！道若無岐，宇宙至今如傳炭，大地至今如孰乳已！

原墨

周末文敝，百家皆欲變周之文，從夏之忠，自墨子初言法禹說也。彼漢世五經家，不法其意，而法其度，牽三正往復，沾沾損益於喪祭、車服、官曹名號之間，日崇其凋。忠者固為是邪？墨子者，善法意。尊天敬鬼，失猶同漢儒。其戾於王度者，非樂為大。彼苦身勞形以憂天下，以若自觳，終以自墮者，亦非樂為大。何者？喜怒生殺之氣，作之者聲也。故湩然擊鼓，士愾怒矣。鎗然撞錞于，繼以吹簫，而人人知慘悼。儒者之頌舞，熊經猿攫，以廉制其筋骨，使行不愆步，戰不愆伐，唯以樂倡之，故人樂習也。無樂則無舞，無舞則薾弱多疾疫，不能處憔悴。將使苦身勞形以憂天下，是何異於騰駕蹇驢，而責其登大行之阪矣！嗟乎！鉅子之傳，至秦漢間而斬。非其道之不逮申、韓、商、慎，唯不自為計，故距之百年而墮。

夫文始五行之舞，遭秦未滅。今五經粗可見，《樂》書獨亡，其亦昉於六國之季，墨者昌言號呼以非樂，雖儒者亦鮮誦習焉。故灰燼之餘，雖有竇公、制氏，而不能記其尺札也。烏乎！佚、翟之禍，至自弊以弊人，斯亦酷矣。詆其「兼愛」而謂之「無父」，則末流之嚝言，有以取譏於君子，顧非其本也。張載之言曰：「凡天下疲癃、殘疾、鰥寡、惸獨，皆吾兄弟之顛連而無告者。」或曰：其理一，其分殊。庸渠知墨氏兼愛之旨，將不一理而殊分乎？夫墨家宗祀嚴父，以孝視天下，孰日無父？（詳《孝經本夏法說》，此不具疏。）至於陵谷之葬，三月之服，制始於禹。禹之世，奔命世也。墨翟亦奔命世也。伯禽三年而報政，日革其故俗，喪三年乃除。太公反之，五月而報政。然則短喪之制，前倡於禹，後繼踵於尚父。唯晏嬰鐫之，廬杖衰麻，皆過其職。墨子以短喪法禹，於晏嬰則師其孅嗇，而不能師其居喪，斯已左矣。且夫兼愛者，人主之道，非士民所當務也。而夏固不能兼愛。誠能兼愛，夏啟不當私其奸子。（又案《水經·淇水注》：《論語比考讖》曰：「邑名朝歌，顏淵不捨，七十弟子掩目，宰予獨顧，由蹙墮車。」宋均曰：「子路患宰予顧覗凶地，故以足蹙之，使墮車也。」尋朝歌回車，本墨子事，而《論語讖》以為顏淵，此六國儒者從墨非樂之證也。至於古樂，亦多怪迂，誠有宜簡汰者。然樂必無可廢之義。）

向作〈原墨〉，逾數年，得長沙曹耀湘《墨子箋》，其說曰：「古者士大夫居喪，皆有其實，而不徒務其文。雖魏晉之間，風尚曠達，而凡縱情越禮者，猶見譏於時。墨子之為喪也，近以三日，久以三月，為時極少。而觀其書中〈節用〉、〈非樂〉諸篇所陳，則墨家平日所以自奉養其耳目口體者，蓋無以甚殊於居喪之時，雖以三月為期，謂之終身之憂可也。今士大夫為喪，徒有其文，而無其實。妾御未嘗偶離於室，膏粱未嘗暫輟於口，衣冠之色稍異，而輕暖未嘗有變，則墨子所譏久喪，今日為已陳芻狗，不足置辯矣！」其說最為通達。因念夏、殷之世，喪期短促，皆以服食起居未致其美耳。周世文物大盛，故喪期必限以三年。短喪之法，亦唯墨家食糲羹藿、服屐衣褐者，可以行之，非他人所得藉口。

原名

《七略》記名家者流出於禮官。古者名位不同，禮亦異數。孫卿為〈正名〉篇，道後王之成名，「刑名從商，爵名從周，文名從禮，散名之加於萬物者，則從諸夏之成俗曲期」。即禮官所守者，名之一端，所謂爵名也。莊周曰《春秋》以道名分（〈天下篇〉），蓋頗有刑爵文，其散名猶不辯，五石六鶂之盡其辭，已榷略矣。且古之名家考伐閱，程爵位，至於尹文，作為華山之冠，表上下平（《莊子．天下篇》及注），而惠施之學去尊（《呂氏春秋．愛類篇》：匡章謂惠子曰：「公之學去尊，今又王齊王，何其倒也？」），此猶老莊之為道，與伊尹、太公相塞。誠守若言，則名號替，徽識絕，朝儀不作，綿蕝不布。民所以察書契者，獨有萬物之散名而已。曲學以徇世，欲王齊王以壽黔首之命，免民之死，是施自方其命，豈不悖哉！自呂氏患刑（當作形）名異充，聲實異謂，既以若術別賢不肖矣（《呂氏春秋．正名篇》）；其次劉劭次《人物誌》、姚信述《士緯》、魏文帝著《士操》、盧毓論《九州人士》（皆見《隋書．經籍志》名家），皆本文王官人之術，又幾反於爵名（案《魏志．鄧艾傳》注引荀綽《冀州記》曰：爰俞清貞貴素辯於論議，採公孫龍之辭以談微理。是魏晉間自有散名之學而世不傳。蓋所趣在品題人物，不嗜正名辯物之術也）。然自州建中正，而世謂之奸府，浸以見薄。刑名有鄧析傳之，李悝以作具律，杜預又革為《晉名例》，其言曰：法者，蓋繩墨之斷例，非窮理盡性之書也，故文約而例直，聽直而禁簡。例直易見，禁簡難犯。易見則人知所避，難犯則幾於刑厝。厝刑之本，在於簡直，故必審名分。審名分者，必忍小理。古之刑書，銘之鐘鼎，鑄之金石，所以遠塞異端，使無淫巧。今所注皆網羅法意，格之以名分，使用之者執名例以審趣舍，伸繩墨之直，去析薪之理（《晉書·杜預傳》）。其條六百二十，其字二萬七千六百五十七，而可以左右百姓，下民稱便。唯其審刑名（按累代法律，唯《晉律》為平恕，今竟亡佚，亦民之無祿也），盡而不汙，過爵名遠矣，然皆名之一隅，不為綱紀。老子曰：「名可名，非常名。」名者，莊周以為化聲。孫卿亦云名無固宜，故無常也，然約定俗成則不易，可以期命。萬物者，唯散名為要，其他乃與法制推移。自惠施、公孫龍，名家之傑，務在求勝，其言不能無放紛，尹文尤短。察之儒墨，墨有〈經〉上下，儒有孫卿〈正名〉，皆不為造次辯論，務窮其柢。魯勝有言，取辯乎一物，而原極天下之汙隆，名之至也。墨翟、孫卿近之矣。

凡領錄散名者，論名之所以成、與其所以存長者、與所以為辯者也。名之成，始於受，中於想，終於思。領納之謂受，受非愛憎不著；取像之謂想，想非呼召不徵；造作之謂思，思非動變不形（本《成唯識論》所說）。名言者，自取像生。故孫卿曰：「緣天官。凡同類同情者，其天官之意物也同。故比方之疑似而通，是所以共其約名以相期也。」（以上〈正名篇〉文。）此謂想隨於受，名役於想矣。又曰：「心有徵知。徵知則緣耳而知聲可也，緣目而知形可也。然而徵知必將待天官之當簿其類然後可也。」（〈正名篇〉文。）接於五官曰受，受者謂之當簿；傳於心曰想，想者謂之徵知。一接焉一傳焉曰緣。凡緣有四（識以所對之境為所緣緣；五識與意識迭相扶助，互稱為增上緣；凡境像名言義理方在意識，而能引續不斷，是有意根，故前識於後識為等無間緣；一切心物之因，名曰阿賴耶識，為因緣）。增上緣者，謂之緣耳知聲，緣目知形，此名之所以成也。名雖成，臧於胸中，久而不渝，浮屠謂之法（色、聲、香、味、觸，皆感受者也。感受之境已逝，其相猶在，謂之法）。《墨經》曰：「知而不以五路，說在久。」〈說〉曰：「智者若瘧病之之於瘧也（上「之」字訓「者」）。智以目見，而目以火見，而火不見，唯以五路知（句）。久（讀），不當以目見（句）。若以火。」（〈經下〉及〈經說下〉。）此謂瘧不自知，病瘧者知之；火不自見，用火者見之。是受、想之始也。受、想不能無五路，及其形謝，識籠其象，而思能造作。見無待於天官，天官之用，亦若火矣。五路者，若浮屠所謂九緣：一曰空緣，二曰明緣，三曰根緣，四曰境緣，五曰作意緣，六曰分別依，七曰染淨依，八曰根本依，九曰種子依。自作意而下，諸夏之學者不亟辯，泛號曰智。目之見必有空明根境與智，耳不資明，鼻舌身不資空，獨目為具五路。既見物已，雖越百旬，其像在，於是取之，謂之獨影。獨影者，知聲不緣耳，知形不緣目，故曰不當。不當者，不直也，是故賴名。曩令所受者逝，其想亦逝，即無所仰於名矣，此名之所以存也。泰始之名，有私名足也；思以綜之，名益多，故《墨經》曰「名，達、類、私」（〈經上〉。）孫卿曰：「萬物雖眾，有時而欲遍舉之，故謂之物，物也者，大共名也。有時而欲遍舉之，故謂之鳥獸，鳥獸也者，大別名也。」（〈正名〉。）若則騏騮騧驪為私，馬為類，畜為達，獸為別，物為共也。有時而欲攝舉之，叢馬曰駟，叢人曰師，叢木曰林，叢繩曰網，浮屠以為眾法聚集言論（《瑜伽師地論》十六說，下同）。孫卿曰：「單足以喻則單，單不足以喻則兼。」（〈正名〉。）人馬木繩，單矣；師駟林網，兼矣。有時而欲辨異舉之，以藥為丸，其名異，自和合起（如雀卵、茹藘、烏賊合以為丸，其藥各殊，其丸是一）；以瓶為敗瓦，其名異，自碎壞起；以穀為便利，其名異，自轉變起；以金帶鉤為指環，俄以指環為金帶鉤，其名異，自加功起，浮屠以為非常言論。孫卿曰：物有同狀而異所者，雖可合，謂之二實。有異狀而同所者，謂之化。有化而無別，謂之一實（〈正名〉）。此名之所以長也。諸同類同情者，謂之眾同分。其受想同，其思同，是以有辯。辯所依隱有三。《墨經》曰：「知，聞、說、親。名、實、合、為。」〈說〉曰：「知：傳受之，聞也；方不瘴（即障字），說也；身觀焉，親也。所以謂，名也；所謂，實也；名實偶，合也。志行，為也。」（〈經上〉及〈經說上〉。）親者，因明以為現量；說者，因明以為比量；聞者，因明以為聲量（案傳受為聞，故曰聲量，往古之事則徵史傳，異域之狀則察地誌，皆非身所親歷，亦無術可以比知，其勢不能無待傳受。然印度諸宗所甄獨在名理，故聲量唯取聖教，亦名為聖教量。諸宗哲學既非一軌，各持其聖教量以為辯，則違立敵共許之律。故自陳那以後，獨用現量比量，而聖教量遂廢。若夫史傳地誌，天下所公，則不得獨廢也。要之聖教量者，特聲量之一端）。赤白者，所謂顯色也；方圓者，所謂形色也；宮徵者，所謂聲也；薰臭者，所謂香也；甘苦者，所謂味也；堅柔燥溼輕重者，所謂觸也。遇而可知，歷而可識，雖聖狂弗能易也，以為名種。以身觀為極，阻於方域，蔽於昏冥，縣於今昔，非可以究省也。而以其所省者善隱度其未所省者，是故身有五官，官簿之而不諦審，則檢之以率。從高山下望塚上，木芊芊若著。日中視日，財比三寸盂，旦暮乃如徑尺銅盤，校以句股重差，近得其真也。官簿之而不遍，則齊之以例，故審堂下之陰，而知日月之行、陰陽之變；見瓶水之冰，而知天下之寒、魚鱉之臧也；嘗一味肉，而知一鑊之味、一鼎之調。官簿之而不具，則儀之以物，故見角帷牆之端，察其有牛；飄風墮曲塵庭中，知其裡有釀酒者，其形雖隔，其性行不可隔，以方不障為極。有言蒼頡、隸首者，我以此其有也，彼以此其無也。蒼頡、隸首之形不可見，又無端兆足以擬有無，雖發塚得其骴骨，人盡有骨，何遽為蒼頡、隸首？親與說皆窮，徵之史官故記，以傳受之為極。今辯者所持說爾，違親與聞，其辯亦不立（違於親者，因明謂之見量相違；違於聞者，因明謂之世間相違。如言冰熱火寒，此見量相違者也；如未至天山而言天山無有，此世間相違者也），此所以為辯者也。

辯說之道，先見其旨，次明其柢，取譬相成，物故可形，因明所謂宗、因、喻也。印度之辯，初宗，次因，次喻（兼喻體、喻依）。大秦之辯，初喻體（近人譯為大前提），次因（近人譯為小前提），次宗。其為三支比量一矣。《墨經》以因為故，其立量次第，初因，次喻體，次宗，悉異印度、大秦（如印度量，聲是無常，所作性故，凡所作者皆是無常，喻如瓶。如大秦量，凡所作者皆無常，聲是所作，故聲無常。如《墨子》量，聲是所作，凡所作者皆無常，故聲無常）。〈經〉曰：「故，所得而後成也。」〈說〉曰：「故，小故，有之不必然，無之必不然。體也，若有端。大故，有之必無然（案無是羨文），若見之成見也。」夫分於兼之謂體，無序而最前之謂端。特舉為體，分二為節之謂見（皆見〈經上〉及〈經說上〉。本云：「見，體、盡。」〈說〉曰：「見，時者，體也；二者，盡也。」案時讀為特，盡讀為節，《管子·弟子職》曰：「堲之高下，乃承厥火，以堲為燼。」與此以盡為節同例。特舉之則為一體，分二之則為數節）。今設為量曰，聲是所作（因），凡所作者皆無常（喻體），故聲無常（宗）。初以因，因局，故謂之小故（猶今人譯為小前提者）；無序而最前，故擬之以端。次以喻體，喻體通，故謂之大故（猶今人譯為大前提者），此凡所作，體也；彼聲所作，節也，故擬以見之成見（上見謂體，下見謂節）。因不與宗相剴切，故曰有之不必然。無因者，宗必不立，故曰無之必不然。喻體次因，以相要束，其宗必成，故曰有之必然。驗《墨子》之為量，固有喻體無喻依矣。何者？萬物無慮有同品，而奇觚者或無同品，以無同品則無喻。《墨經》曰：「不可偏去而二，說在見與俱、一與二、廣與修。」（〈經下〉，修舊誤循。）諸有形者，廣必有修，修亦必有廣矣。云線有長無廣者，形學之亂（謂《幾何原本》，此語彌兒嘗駁之）。《墨子》知其不偏去，倪也，固有有修無廣者矣。騁而往，不彭亨而及，招搖無盡，不以針鏠鳥翮之寬據方分，此之謂時。今欲成時之有修無廣也，即無同品。雖然，若是者，豈直無喻依，固無喻體（如云凡有直往無旁及者，必有修無廣。時是直往無旁及者，故時有修無廣。然除時以外，更無有直往無旁及者。心量生滅，亦有旁延之境，乃至君統世系，不計旁及之處則可，不得謂無旁及，故初句喻體即不可說)。喻依者，以檢喻體而制其款言，因足以攝喻依，謂之同品定有性。負其喻依者，必無以因為也，謂之異品遍無性（並取《因明論》說)。大秦與《墨子》者，其量皆先喻體後宗。先喻體者，無所容喻依，斯其短於因明。立量者，常則也，有時不可用三支，若《墨經》之駁仁內義外曰：「仁，愛也。義，利也。愛利，此也；所愛所利，彼也。愛利不相為外內，所愛利亦不相為外內。其為仁內也，義外也；舉愛，則所利也，是狂舉也。若左目出，右目入。」(〈經說下〉。)此以三支則不可說也。破人者，有違宗，有同彼，有勝彼（《大毗婆沙論》二十七所說)，亦無所用三支。何謂違宗？彼以物有如種極微也（如種極微，今稱原子)，而忌言人有庵摩羅識，因言無相者無有（此即近世唯物論說。無相謂色聲香味觸皆不可得，非徒無形無色而已)。詰之曰：如種極微有相不？則解矣。何謂同彼？彼以異域之政可法也，古之政不可法，因言時異俗異，胡可得而法？詰之曰：地異俗異可得法不？則解矣。何謂勝彼？彼以世多窕言也，謂言皆妄。詰之曰：是言妄不？則解矣。《墨經》曰：「以言為盡悖。悖，說在其（舊誤倒）言。」(〈經下〉。)此謂勝彼破也。

為說者曰：三支不足以原物，故曰溙淖水淖，合兩淖則為蹇，溼之則為乾；金柔錫柔，合兩柔則為剛，燔之則為淖。或溼而乾，或燔而淖，類固不必可推知也。凡以說者，不若以親（案近世主經驗之論，理學家多持此說）。自智者觀之，親亦有絀。行旅草次之間，得被髮魌頭而魃服者，此親也，信目之諦，疑目之眩，將在說矣。眩人召圜案，圜案自垣一方來，即種瓜瓠，蔭未移，其實子母鉤帶，千人見之，且剖食之，親以目以口則信，說以心意則不信。遠視黃山，氣皆青，俯察海波，其白皆為蒼，易位視之而變，今之親者非昔之親者。《墨經》曰：「法同則觀其同，法異則觀其宜。」（〈經上〉。）親有同異，將以說觀其宜，是使親詘於說也。原物之質，聞不若說，說不若親。今有聞火浣布者，目所未睹，體所未御，以說又無類，因謂無火浣布，則人莫不然，謂之蔽錮。《墨經》曰：「知其所以不知（以字當為羨文），說在以名取。」（〈經下〉。）此乃使親、說交詘於聞也。凡原物者，以聞、說、親相參伍。參伍不失，故辯說之術奏。未其參伍，固無所用辯說。且辯說者，假以明物，誠督以律令則敗。夫主期驗者任親，亟親之而言成典，持以為矩。矩者，白：盡，莫不然也。必，不已也（〈經上〉。）。而世未有盡驗其然者，則必之說廢。今言火盡熱，非能遍拊天下之火也，拊一方之火而因言凡火盡熱，此為逾其所親之域。雖以術得熱之成火，所得火猶不遍，以是言凡火盡熱，悖。《墨經》通之曰：「無窮不害兼，說在盈否。知，不知其數而知其盡也，說在明者。」（〈經下〉。）則此言盡然不可知，比量成而試之。信多合者，則比量不惑也。若是，言凡火盡熱者，以為宗則不悖，以為喻體猶悖（宗者所以測未來，故雖言凡火盡熱無害。喻體者，據已往之成效言之。已往未嘗遍驗天下之火，則言凡火盡熱為逾其所驗之境）。言必有明日者，以昨往有今，以累昨往盡有今，擬儀之也。物固有斷，則昨或不斷而今或斷。言必有明日者，是猶言人必有子姓，以說不比，以親即無徵。是故主期驗者越其期驗。《墨經》說推類之難曰：「此然是必然，則俱為麋。」（麋讀為靡，〈經下〉及〈經說下〉。）此莊周所以操齊物夫？

儒術真論

昔韓非〈顯學〉，臚列八儒，而傳者獨有孟、荀，其他種別，未易尋也。西京賈傳，為荀予再傳，而董、劉諸公，已不能以一家名。且弘、湯之法盛行，而儒雜刀筆；參以災祥鬼神，而儒雜墨術。自東京以來，蓋相率如是。《荀子·儒效》云：其言議談說，已無以異於墨子矣。然而明不能分別，是俗儒者也。然則七國之季，已有雜糅無師法者，後此何足論。今以《墨子·公孟篇》公孟子、程子與墨子相問難者，記其大略。此足以得儒術之真。其於八儒雖無可專屬，要之微言故訓，有上通於內聖外王之道，與夫混淆失真者，固大有殊矣。由斯推衍，其說可以盧牟六合，經緯馮生。蓋聖道之大，無能出其範者。抑括囊無辯，謂之腐儒。今既摭拾諸子，旁採遠西，用相研究，以明微旨，共諸君子亦有樂乎此歟？

惠定宇謂公孟子即公明子，為孔子之徒。近人孫詒讓仲容則云：《潛夫論》志〈氏姓篇〉：衛公族有公孟氏，《左傳·定十二年》疏謂公孟縶之後，以字為氏，則自有公孟氏，非公明氏也。《說苑·修文篇》有公孟子高見顓孫子莫及曾子，此公孟子疑即子高，蓋七十子之弟子也。（以上孫說。）余謂子莫告公孟子高之言曰：「去爾外厲，與爾內色勝，而心自取之，去三者而可矣。」今公孟子謂墨子曰：「君子共己以待，問焉則言，不問焉則止。」又曰：「實為善人孰不知？

今子遍從人而說之，何其勞也。」即本子莫去外厲之意，則公孟子即公孟子高明甚。然即此愈知公孟即公明。《孟子．萬章篇》有長息問公明高，即為公孟子高。且孟子言舜之怨慕，而舉公明高之言以為證。又言：「人少則慕父母，五十而慕者，獨有大舜。」今公孟子則曰：「三年之喪，學吾之慕父母。」墨子駁之則曰：「夫嬰兒子之知，獨慕父母而已，父母不可得也。然號而不止，此其故何也？即愚之至也。然則儒者之知，豈有以賢於嬰兒子哉！」是公孟子之言，與孟子所述慕父母義，若合鐶印。則知公孟子、公孟子高、公明高為一人明甚。公孟、公明雖異族，然同聲相借，亦有施之姓氏者。今夫司徒、申屠、勝屠，本一語也。而因其字異，遂為三族。荀與孫、虢與郭，本異族也，而因其聲同，遂相假借。今公孟、公明，亦猶荀孫、虢郭，雖種胄有殊，而文字相貿，亦無不可。然既嚴事曾子，其不得為孔子之徒明矣。惠說亦未合也。今觀其立說，亦醇疵互見，而宣尼微旨，於此可睹。捃摭祕逸，灼然如晦之見明者，凡數大端。嗚呼！可不謂卓歟？

公孟子謂子墨子曰：「昔者聖王之列也，上聖立為天子，其次立為卿大夫。今孔子博於詩書，察於禮樂，詳於萬物。若使孔子當聖王，則豈不以孔子為天子哉！」

按玄聖素王，本見《莊子》。今觀此義，則知始元終麟，實以自王，而河圖不出，文王既喪，其言皆以共主自任，非圖讖妄言也。門人為臣，孔子以為行詐，諸侯卿尹之尊，非所以處上聖，進退失據，故斥言其欺。不然，子弓南面，任為天子（見《說苑・修文篇》），尚無所諱，而辭此區區乎？知此者獨有梅子真爾？

公孟子曰：「無鬼神。」又曰：「君子必學祭祀。」子墨子曰：「執無鬼而學祭禮，是猶無客而學客禮也，是猶無魚而為魚罟也。」子墨子謂程子曰：「儒以天為不明（舊脫天字，畢本據下文增），以鬼為不神，天鬼不說，此足以喪天下。」

按仲尼所以凌駕千聖，邁堯、舜轢公旦者，獨在以天為不明及無鬼神二事。《荀子》曰：道者，非天之道，非地之道，人之所以道也，君子之所道也。（〈儒效篇〉。）此儒者窮高極遠測深厚之義。若夫天體，余嘗謂蒼蒼之天，非有形質，亦非有大圜之氣。蓋日與恆星，皆有地球，其阿屯以太，上薄無際，其間空氣復厚，而人視之蒼然，皆眾日之餘氣，固非有天也。王育說，天詘西北為無，其說稍誕。蓋天本無物，故無字從天詘之以指事，因下民所見，不得無所指斥，故強以顛義引申之而曰滅。六經言天言帝，有周公以前之書，而仲尼刪述，未或革更，若曰道曰自然而已矣。郊祭大報天而主日，萬物之主，皆賴日之光熱，而非有賴乎天。故假言曰帝，其真即日。或以北極為耀魄寶，北極又大於日九十三倍，故亦尊之，此則恆星萬數，上帝亦可云萬數。六帝之說，不遍不賅，要非虛增，然恆星各帝其地球而已，於此地球何與？明堂宗祀，蓋自外至者也。且太微五星，固玄遠矣，即至暱之日，雖昭昭大明，而非有恩威生殺之志，因上帝而有福善禍淫之說，其害猶細，其識已愚，因是以及鬼神，則誣妄日出，而人倫殆廢。

蓋太古民俗，無不尊嚴鬼神，五洲一也。感生帝之說，中國之羲、農，日本之諾、冊二神，印度之日朝、月朝，猶太之耶穌，無不相類。以此致無人倫者，中外亦復不異。唯其感生，故有炎、黃異德兄弟婚媾之說，蓋日各出一帝，雖為夫婦，不為黷也。堯之厘降，不避近屬，實萌於是。其後以為成俗，則夏、商以來，六世而通婚姻，皆感生之說撼之矣。周道始隆，百世遠別，此公旦所以什伯於堯、舜、湯、武，然依違兩可，攻其支流，而未堙其源窟。〈生民〉之詩，猶曰履敏，則獷俗雖革，而精意未宣，小家珍說，反得以攻其闕。唯仲尼明於庶物，察於人倫，知天為不明，知鬼神為無，遂以此為拔本塞原之義，而萬物之情狀大著。由是感生帝之說詘，而禽獸行絕矣。此所以冠生民橫大陸也。

何以知無鬼神？曰：斫卉木，磔羊彘，未聞其有鬼神，彼人固不得獨有也。人所以有知者，分於父母，精蟲胚珠是也。二者又攝引各點以為我有，使成官骸，而七情益擴，故成此知識，由於兩精相搏，以生神明也。斯如兩水相觸，即便生浪（水猶精，浪猶神，而兩水之所以相觸者，亦先有其浪，則父母交感之神也），兩味相和，乃生雋永，及精氣相離而死，則神亦無存。譬之水既淤堙，浪即無有，兩味化分，尋索雋水，了不可得。故精離則死，死則無知，其流定各質，久則合於他物，或入草木，或入胎卵，未有不化者。化之可見者，茅蒐是已。萇弘之血為碧，鄭緩之精為秋柏之實，然己與他物合，則其質既雜，自有柏與碧之知，而非弘、緩之知矣。此精氣為物也。氣弗聚者，散而從於空氣，渙然飄泊，此遊魂為變也。夫焉有精化既離，而神識能獨立者乎？《圓覺經》云：我今此身，四大和合，所謂髮毛爪齒，皮肉筋骨，髓腦垢色，皆歸於地。唾涕膿血，津液涎沫，淡淚精氣，大小便利，皆歸於水。暖氣歸火，動轉歸風。四大各離，今者妄身，當在何處？《寶積經》云：此身生時，與其父母，四大種性，一類歌羅邏身。若唯地大。無水界者，譬如有人，握乾麨灰，終不和合。若唯水界。無地界者，譬如油水，無有堅實，即便流散。若唯地水。無火界者，譬如夏月，陰處肉團，無日光照，即便爛壞。若唯地水火。無風界者，即不增長。《庵提遮女了義經》云：若能明知地水火風四緣，畢竟未曾自得，有所和合，以為生義。若知地水火風畢竟不自得，有所散，是為死義。是佛家亦以各質相磨而生，各質相離而死，而必言即合即離，生死一致，則黃馬驪牛之遁辭矣。然死後六道，不盡為鬼，則亦與精氣為物之義相近。其終不決言無鬼者，蓋既言真者離身而有如來藏，則不得不言妄者離身而為鬼。然又言餓鬼有胎生化生，則所謂鬼者，亦物魅之類，而與人死者有殊。然則釋家蓋能識此旨，而故為不了以自圓其說也。

難曰：若以知識為分於父母，則父母安始，追溯無盡，非如來藏而何？然如來藏者，彼豈能道其有始耶？於如來藏亦言無始，而必責萬物以有始，亦惑矣。難曰：知識果分於父母，則瞽舜、鯀禹，曷為相反？曰：夫豈獨神識然，形亦然矣。張蒼之父，長不滿五尺，蒼長八尺餘，蒼子復長八尺，及孫類長六尺餘。（《漢書．張蒼傳》。）可得云形體非分於父母耶？要之形之短長，知之頑聖，此高下之分，非相反也。以神識言，又豈獨父子然。雖一身亦有善惡是非先後相貿者。顏涿聚，梁父之大盜也，學於孔子；段干木，晉國之大駔也，學於子夏；高何縣子石，齊國之暴者也，指於鄉曲，學於子墨子；索盧參，東方之巨狡也，學於禽滑黎。並為名士顯人（《呂氏春秋．尊師篇》），如是者多矣。或有諏政慮事，一念之間，而籌畫頓異，至於疚心自訟者。子夏投杖，漢高銷印，斯類亦眾，夫豈得謂有兩身與兩心耶？父母與子，何以異是？原夫二氣相凝，非親莫效，及脂膏既就，即有染習，賈生〈胎教〉，明著其義。是時材性高下，又由其親一時之行跡而成，斯則得於其親者，與初凝又少殊矣。及夫免乳以後，則見聞之習，師友之導，情狀萬端，雖非殊族，共異於親也固宜。荀子有言：塗之人可以為禹。（〈性惡篇〉。）此則君師牧民，由斯以作。然具此可以為禹之材，非父母授之乎？大抵形體智識，一成不移，而形之肥瘠，識之優劣，則外感相因，可入熔冶，不移者由於胚珠，可移者由於所染。夫魯雞之伏鵠卵，其雛猶鵠；而桑枝之續桃本，則其實非桑。非物之形性，一可變更，一不可變更也。卵中之胚，是鵠非雞，故鵠不以雞伏而易。（土蜂煦嫗桑蟲之舊說，蟲學家曾辨其誤。）樹木之胚，是桃非桑，故桃能以桑體為己，此胚珠不移之說也。嚙蹄在轡，馴良從御，駃騠無牧，泛駕不習，此因染致移之說也。乃若時代逾久，則物之形體，亦有因智識優劣而漸變者。要之，改良則分劑增多，退化則分劑減少，上古之顛木，跡層之枯魚，皆吾郊宗石室，唯其求明趨化，以有吾儕之今日。昊天罔極，如何可酬？抑親親之殺，既具斯形，則知愛類而已。

難曰：人見厲魅，經籍多有，近世民俗，亦有傳言。寧得自守單辭，謂鬼神為誣惑？曰：以佛家言，六道之中，餓鬼居一，一在地下五百由旬，一在人天之間。是則眇哉區處，與人隔絕，人未嘗有至餓鬼處者，而餓鬼獨能至人處乎？且以阿修羅之強悍，諸天之智力，不至人處，而餓鬼以羸劣之質，獨能至人處乎？是豈得以所見證共必有也。然則見者云何？曰：耳目有惢，齊襄之見彭生是也；心惑若寐，狐突之遇共君是也。二者皆一時假相，非有真形，乃其真者，則亦有之。太史公曰：學者多言無鬼神，然言有物。（〈留侯世家〉。）此最為豁然塙斯者。山精物魅，如龍夔魍魎者，固未嘗無也，以其體不恆見，詭出都市，而人遂以鬼神目之，斯亦惑之甚矣。太古頑民，見鐻驚鬼，有熊蚩尤，惑亂不異，見彼君蒿，遂崇巫祝。清廟之守，後為墨家，敬天尊鬼，遂與儒術相訾。夫豈非先聖哲王之法，而以難儒術，則猶以金椎攻太山矣。無鬼而祭者，亦知其未嘗食，而因是以致思慕。至胙肉必饜飫之者，亦以形體神識，分於二人，己在則親之神識所分，猶在吾體，故食胙無異親之食之也。然則祭為其名，而胙致其實，何無客學禮無魚作罟之可比乎？若夫天神地祇，則因是而準則之，苟有聖王，且當釐汰焉。嗚呼！如太史公言，則秦漢間儒者，猶知無鬼神義。然武、昭以後，儒者說經，已勿能守。獨王仲任有〈論死篇〉，晉人無鬼神論，而儒者又群嘩焉。然則荀子謂言議談說，無以異於墨子者，漢後諸儒，顧不然歟？

訂孔

遠藤隆吉曰：孔子之出於支那，實支那之禍本也。夫差第韶、武，制為邦者四代，非守舊也。處於人表，至巖高，後生自以瞻望弗及，神葆其言，革一義，若有刑戮，則守舊自此始。故更八十世而無進取者，咎亡於孔氏。禍本成，其胙盡矣。（遠藤氏：《支那哲學史》。）

章炳麟曰：凡說人事，固不當以祿胙應塞，唯孔氏聞望之過情有故。曰：六藝者，道、墨所周聞，故墨子稱《詩》、《書》、《春秋》多太史中祕書。女商事魏君也，衡說之以《詩》、《書》、《禮》、《樂》，從說之以〈金版〉、〈六弢〉。（〈金版〉、〈六弢〉，道家大公書也，故知女商為道家。）異時老、墨諸公，不降志於刪定六藝，而孔氏擅其威。遭焚散復出，則關軸自持於孔氏，諸子卻走，職矣。《論語》者晻昧，《三朝記》與諸告飭、通論，多自觸擊也。下比孟軻，博習故事則賢，而知德少歉矣。荀卿以積偽俟化治身，以隆禮合群治天下。不過三代，以絕殊瑰，不貳後王，以綦文理。百物以禮穿敹，故科條皆務進取而無自戾。（《荀子．王制》。）上言「道不過三代，法不貳後王」。下言「聲則凡非雅聲者舉廢，色則凡非舊文者舉息，械用則凡非舊器者舉毀。夫是之謂復古」。二義亦非自反。雅聲舊文舊器，三代所用，人間習識。若有用五帝之音樂服器於今以為新異者，則必毀廢。故倞注曰：「復三代故事，則是復古不必遠舉也。」其正名也，世方諸仞識論之名學，而以為在瑣格拉底、亞歷斯大德間。(桑木嚴翼說。)由斯道也，雖百里而民獻比肩可也，其視孔氏，長幼斷可識矣。

夫孟、荀道術皆踴絕孔氏，唯才美弗能與等比，故終身無魯相之政，三千之化。才與道術，本各異出，而流俗多視是崇墮之。近世王守仁之名其學，亦席功伐己。曾國藩至微末，以橫行為戎首，故士大夫信任其言，貴於符節章璽。況於孔氏，尚有踴者。孟軻則躓矣。雖荀卿卻走，亦職也。（荀卿學過孔子，尚稱頌以為本師，此則如釋迦初教，本近灰滅，及馬鳴、龍樹，特弘大乘之風，而猶以釋迦為本師也。)

夫自東周之季，以至禹，〈連山〉息，〈汩作〉廢，〈九共〉絕，墨子支之，只以自隕。老聃喪其徵藏，而法守亡，五曹無施。唯荀卿奄於先師，不用。名辯壞，故言淆，進取失，故業墮，則其虛譽奪實以至是也。雖然，孔氏，古良史也，輔以丘明而次《春秋》，料比百家，若旋機玉斗矣。談、遷嗣之，後有《七略》。孔子死，名實足以伉者，漢之劉歆。

白河次郎曰：從橫家持君主政體，所謂壓制主義也；老莊派持民主政體，所謂自由主義也。孔氏旁皇二者間，以合意干係為名，以權力干係為實，此儒術所以能奸雄利器，使百姓日用而不知，則又不如從橫家明言壓制也。案所謂旁皇二者間者，本老氏之術，儒者效之，猶不若范蠡、張良為甚。莊周則於〈馬蹄〉、〈胠篋〉諸論，特發老氏之覆。老、莊之為一家，亦猶輸、墨皆為藝士，其攻守則正相反，二子亦不可並論也。故今不以利器之說歸曲孔氏。餘見《儒道篇》。

附：訂孔

一九一四年，章太炎手定《章氏叢書》，把〈訄書〉改為〈檢論〉，把〈訂孔〉析為上、下，其文字及旨意皆有較大變更。今將〈檢論〉的〈訂孔〉上、下篇輯附於下。

上

日本有遠藤隆吉者，自以為習漢事。其言曰：孔子出於支那，則支那之禍本也。夫差第韶、武，制為邦者四代，非一意循舊也。以其卓躒過人，後生自以瞻望弗及，重神有言，革一義，若有刑戮，則一意循舊自此始。故更八十世而無進取者，咎亡於孔氏。禍本成，其胙盡矣。（略舉遠藤氏：《支那哲學史》。）

章炳麟曰：一意循舊者，漢世博士有之，魏晉以後亡是也。追唯仲尼聞望之隆，則在六籍。六籍者，道、墨所周聞，故墨子稱《詩》、《書》、《春秋》多太史中祕書，而老聃為守藏史，得其本株。異時倚相、萇叔諸公，不降志於刪定六藝，墨翟雖博聞，務在神道珍祕，而弗肯宣繼志述事。纘老之績而布彰六籍，令人人知前世廢興，中夏所以創業垂統者，孔氏也。遭焚散復出，則關軸自持於孔氏，諸子卻走，職矣。且古者世祿，子就父學為疇官，後世雖已變更，九流猶稱家。孟軻言法家拂士，荀卿稱家言邪學，百家無所竄，小家珍說之所願皆衰，其遺跡也。宦於大夫，謂之宦御事師（〈曲禮〉，宦學事師，學亦作御），言仕者又與學問。（《說文》：仕，學也。）明不仕則無所受書。《周官》賓興萬民，以禮、樂、射、御、書、數，六籍不與焉。（禮、樂亦士庶常行者耳，必無《周官》之典。）尚猶局於鄉遂，王畿方百萬里，被教者六分一耳。及管子制五官技能，為《詩》、《易》、《春秋》者，予之一馬之田，一金之衣（〈山權數〉），甿庶之識故事者，若此其寡也。管子雖厲學不遍九服，又令細民以是干小祿，致未秩，其學蕞陋，長見笑於大方之家。自老聃寫書徵藏，以詒孔氏，然後竹帛下庶人，六籍既定，諸書復稍稍出金匱石室間。民以昭蘇，不為徒役，九流自此作，世卿自此墮，朝命不擅威於肉食，國史不聚殲於故府。故直諸夏覆亡，雖無與立，而必有與斃也。不曰賢於堯、舜，豈可得哉！

夫神化之道，與時宜之故，五帝不同禮，三王不沿樂，布六籍者，要以識前事，非謂舊章可永循也。漢初古文，既不遠布，而仲尼名實已高巖矣，諸儒睹秦餘敝法，欲有更易，持之未有其故，由是破瓾六籍，定以己意，參之天官、曆象、五行、神仙諸家，一切假名孔氏，以為魁柄，則六籍為巫書。哀、平之間，《周官》、《左氏》始興，神道漸褫，更二百年而得黃初。後王所以更制者，未嘗不隨時經變，何乃無進取哉？且舊章誠不可與永守，政不驟革，斟酌鬋今，未有不借資於史。先漢之史則誰乎？其唯姬周舊典見於六籍者。故雖言通經致用，未害也。遷、固承流，而繼事者相次十有餘家，法契之變，善敗之數，則多矣。猶言通經致用，則不與知六籍本意。

章炳麟曰：仲尼，良史也，輔以丘明而次《春秋》，料比百家，若旋機玉斗矣。談、遷嗣之，後有《七略》。孔子歿，名實足以抗者，漢之劉歆。（書布天下，功由仲尼，其後獨有劉歆而已，微孔子，則學皆在官，民不知古，乃無定臬。然自秦皇以後，書復不布。漢興，雖除挾書之禁，建元以還，百家盡黜，民間唯有五經。《論語》猶非師授不能得，自餘竟無傳者。東平王求《史記》於漢廷，桓譚假莊子於班嗣，明其得書之難也。向、歆理校讎之事，書既殺青，復可移寫，而書賈亦賃鬻焉。故後漢之初，王充遊雒陽，書肆已見有賣書者。其後邠卿章句之儒，而見《周官》；康成草萊之氓，而窺《史記》：則書之傳者廣矣。至梁時，阮孝緒以處士撰《七錄》，是為天祿、石渠之守移於民間也。然以鈔撮重煩，猶多窒滯。及馮道為鏤版之術，而負販益多矣。《宋史·邢昺傳》，景德二年，上問昺經板幾何？昺曰：「國初不及四千，今十餘萬。經傳正義皆具。」則他書可以例推。由此觀之，馮道功亦不細。學之高下，行之□正，非此所論也。）

下

往時定儒學，莫若孟、荀。私以《論語》晻昧，《三朝記》與諸告飭，總紕經記，辭義缺如也。下比孟軻，博習故事則賢，而辯察少歉矣。荀卿以積偽俟化治身，以隆禮縣群眾，道不過三代，以絕殊瑰，法不貳後王，以綦文理，始終以禮穿□，故科條皆浞然，無自戾者。其正名也，與墨子相扶持，有所言緣，先於西來桑門之書。由斯道也，雖百里而民獻比肩可也。其視孔子，長幼斷可識矣。

夫孟、荀道術皆踴絕孔氏，唯才美弗能與等比，故終身無魯相之政，三千之化。才與道術本異出，而流俗多視是崇墮之。故仲尼名獨尊，其道術固未逮也。懷是者十餘年，中間頗論九流舊聞。上觀莊生為《齊物論釋》，又以閒暇質定老聃、韓非、惠施諸書，方事改革，負絏東海，獨抱持《春秋》。窺識前聖作史本意，卒未知其道術崇庳也。以炎、黃、嚳、堯之靈，幸而時濟，光復舊物，間氣相搰，逼於輿臺，去食七日，不起於床，畝然嘆曰：餘其未知羑里、匡人之事。夫不學《春秋》，則不能解辮髮，削左衽；不學《易》，則終身不能無大過，而悔吝隨之。始玩爻象，重籀《論語》諸書，羃然若有寤者。聖人之道，罩籠群有，不亟以辯智為賢，上觀《周易》，物類相召，執數相生，足以彰往察來。審度聖人之所憂患，與其〈卦〉、〈序〉所次時物變遷，上考皇世而不繆，百世以俟後王群盜而不惑，洋洋美德乎，誠非孟、荀之所逮聞也。諸所陳說，列於《論語》者，時地異制，人物異訓，不以一型錮鑄，所謂大道固似不肖也。

人亦有言，西極之聖，守其一術，強聒而不捨，婁遇而不異辭，大秦三哲以之。東極之聖，退藏於密，外虞機以制辭言，從其品物，因變流形，浮屠、老聃、仲尼、莊周以之。虞機雖審，權議雖變，豈直無本要哉。道在一貫，持其樞者忠恕也。躬行莫先而方移以為學，則守文者所不省已。心能推度曰恕，周以察物曰忠，故夫聞一以知十，舉一隅而以三隅反者，恕之事也。夫彼是之辨，正處正色正味之位，其侯度誠未可一也。守恕者善比類，誠令比類可以遍知者，是絜榘可以審方圓，物情之紛，非若方圓可以量度也。故用榘者困，而務比類者疑。周以察物，舉其徵符，而辨其骨理者，忠之事也。故疏通知遠者恕，文理密察者忠。身觀焉，忠也；方不障，恕也。上者寂然不動，感而遂通天下之故，無有遠近幽深，遂知來物。中之方人用法，察邇言也。下者至於原本山川，極命草木，合契比律，審曲面執，莫不依是。以知忠恕於學，猶鳥有兩翮，而車之左右輪，學不兼是，菩沛將蔽之。日中而主爝水沫為讁也，而況於躬行乎？荀卿蓋云：萬物莫形而不見，莫見而不論，莫論而失位，此謂用忠者矣。坐於室而見四海，處於今而論久遠，疏觀萬物而知其情，參稽治亂而通其度，經緯天地而材官，萬物制割大理而宇宙裡，此謂用恕者矣。夫墨子者，辯以經說，主以天志，行以兼愛尚同，天志尚同之末，以眾暴寡，（墨子〈兼愛〉、〈天志〉諸篇，亦論以眾暴寡之非，然既云天志、尚同，設有異天志而殊群眾者，不為眾之所暴，得乎？物類洮汰，執自然也），唯盡恕遠忠也。荀卿雖解蔽，觀其約束，舉無以異於墨氏。（荀子雖非墨氏，唯其文質異流耳。《墨子·尚同篇》極論一人一義、十人十義、百人百義之非，欲令萬民上同天子，天子所是必是之，天子所非必非之。荀卿論治，正與相符。）體忠恕者，獨有莊周〈齊物〉之篇，恢恑譎怪，道通為一，三子之樂蓬艾，雖唐堯不得更焉。玆蓋老聃之所流傳，儒道所以不相舛牾，夫何晻昧矣哉。《三朝記》小辨亦言忠恕（《三朝記》，哀公欲學小辯，孔子對以力忠信，云，知忠必知中，知中必知恕，知恕必知外，內思畢心曰知中，中以應實曰知恕，內恕外度曰知外。此言以忠恕為學，剛無所不辨也。周以察物，疑其碎矣。物雖小別，非無會通，內思畢心者，由異而觀其同也），其餘華澤也。

訂孔

孟子大事考

一、孟子之書

《史記》列傳：孟子與萬章之徒序《詩》、《書》，述仲尼之意，作《孟子》七篇。趙邠卿〈題辭〉：孟子退自齊梁，述堯舜之道而著作焉，此大賢擬聖而作也。此皆以其書為孟子親作。今案《孟子》書中，稱其弟子曰樂正子、公都子、屋廬子。徐辟、陳臻、萬章亦或稱徐子、陳子、萬子。師徒相稱，文宜從質，不應稱子以尊之，知其書非孟子親作矣。又其序述頗與史事不符，一如梁惠王生時實未稱王。〈六國表〉魏襄王元年，與諸侯會徐州，以相王；齊宣王九年，與魏會徐州，諸侯相王。〈田完世家〉亦同，〈魏世家〉並述襄王元年追尊父惠王為王，此事之明白無疑者。其餘如《呂氏春秋．愛類篇》說，匡章謂惠子曰：公之學去尊，今又王齊王，何其到也？詳惠施為梁惠王襄王相，而云王齊王者，由襄王時齊以王號尊魏，魏亦以王號尊齊，故以王齊王事責之魏相，此亦齊魏相王一旁證。惠王既未稱王，而《孟子》書述其與惠王問答，稱之曰王者凡十。若書為孟子自作，不當函胡至是。二如齊取燕事，〈六國表〉在湣王十年。燕人立公子平，在湣王十二年。若宣王時，非徒未有其事，且燕王噲亦尚未立也。而《孟子·梁惠王篇》直系齊人取燕於宣王時。事之先後，孟子何由遽忘之？即萬章輩親炙孟子，侍居於齊最久，亦不應錯亂至是。恐其書並非萬章輩作，乃孟子再傳弟子為之。後人遷就其文，竟謂《史記》有誤，夫豈其然？案〈六國表〉及〈魏世家〉，孟子至梁在惠王三十五年，時周顯王三十三年也，而惠王已稱孟子曰叟，計孟子當時必已及五十矣。自爾下至赧王十九年，而魯平公卒，相去凡四十年。《孟子》書中已稱平公之謚，計時孟子當已九十。孟子生卒，雖舊無明文，然於平公得書其謚，蓋亦後人為之也(元人所傳孟子生卒年月，臆造不足據)。

二、孟子之世系

趙邠卿〈題辭〉云：或曰孟子魯公族孟孫之後。故孟子仕於齊，喪母而歸葬於魯也。三桓子孫既已衰微，分適他國。案據孟子歸葬事，則孟子本魯人不疑。《元和姓纂》孟氏下云：魯桓公子慶父之後，號曰孟孫，因以為氏。孟敬子生滕伯，伯生廖，廖生軻，居高密。此述孟子世系最為詳實。唯云居高密，與太史稱孟軻鄒人者有殊，蓋傳聞異辭然也。三桓之微，不知在何世。據孟子言魯穆公之時公儀子為政，則政已不在季氏。而《孟子》有費惠公師子思語，楚人以弋說頃襄王亦云，鄒、費、郯、邳者，羅鸗也。費本魯季氏邑，是時已列為小國，故昔人疑季氏之後離魯自樹為諸侯。費惠公師子思，則其事當在魯元公穆公間，是以魯政歸之公儀。若孟氏則疑於穆公時已漸降替，詳〈田完世家〉，田太公相齊宣公，宣公四十八年，取魯之郕。〈六國表〉亦同。郕為魯孟氏邑，為齊所取，則孟氏自替矣。其年正當魯元公二十一年，明年即穆西元年也。孟氏既替，與散秩大夫無異，故滕伯與廖皆無諡。後人不能知孟子父名，晚出孟氏譜稱名激字公宜，出於臆造。明嘉靖時以顏無繇、曾點、孔鯉、孟孫氏配享啟聖，獨孟孫氏不著其名，非徵諸《姓纂》，何由知有孟廖者乎？又案《禮記·檀弓》云，縣子瑣曰：「吾聞之，古者不降，上下各以其親。滕伯文為孟虎齊衰，其叔父也。為孟皮齊衰，其叔父也。」尋縣子為魯穆公時人，所稱滕伯文者，鄭以其言古者，故謂為殷時滕君。而《疏》謂孟虎是滕伯文之叔父，滕伯文是孟皮之叔父。夫殷時有滕國否，事在難徵。且當周之衰，又安能於殷代故事委悉如此哉？若即周時滕子，又當有謚，不應直舉其名。今疑滕伯文即《姓纂》所云滕伯。據〈喪服〉，大夫為世父叔父昆弟之子為士者大功。《傳》曰：「何以大功也？尊不同也。」然則孟虎為滕伯之叔父，孟皮為滕伯昆弟之子，爵皆為士，滕伯當降服大功，而皆以齊衰服之，是依古不降也。蓋滕伯因縣子之言，遂依以制服，記禮者因而述之，非縣子口語有此也。孟虎孟皮，正是孟氏，而虎與皮為其名。

三、孟子所與遊者

孟子在齊稷下，與淳于髡、慎到、田駢、環淵、接子並處，自髡而外，不見有往復論難語。蓋諸子皆黃老名法之徒，而髡嘗撰《王度記》，為明於禮樂者。於彼則外之，於此則內之，宜也。其不在稷下者，宋鈃獨為孟子所敬，莊子雖以鈃與尹文並稱，而《七略》錄之入小說家，且以禁攻寢兵為外，情欲寡淺為內，與儒術初無牴觸，故獨被尊敬焉。外此則告子數與孟子論性，孟子言告子先我不動心，是必相知甚久者。邠卿謂告子兼治儒墨之道，嘗學於孟子，而不能純徹性命之理。尋告子先孟子不動心，則非學於孟子可知。其云兼治儒墨者，以《墨子．公孟篇》嘗舉告子爾。詳墨子與楚惠王、魯陽文子同時，而告子與之遊處，必不得下至孟子時，是必別一告子，非孟子所稱者也。告子論性與孟子不同，此猶前有漆雕子、世子，後有荀子，論性皆異孟子，未足為怪。然則告子亦儒家別子，故孟子與之苦相往復。後人以邠卿兼治儒墨之文，竟視告子為異學，其亦妄矣。

四、孟子之遺學

孟子學承子思，人所共憭。若其於六藝之學，獨短於禮。而小學則其所特長也，如云徹者徹也，助者藉也，庠者養也，校者教也，序者射也，畜君者好君也，洚水者洪水也，皆以一字為訓，聲音小異，義已砉然，此非精於訓故者不能為。〈七發〉又云孟子持籌而算之，萬不失一，則孟子又特長九數之學。今七篇中唯圭田五十畝一條與《九章》方田術合，亦算術之淺者，其深者不可得聞矣。若《荀子·非十二子篇》言子思倡說五行，孟軻和之，今七篇中絕無其語，豈皆在《外書》四篇中歟？

五、孟子之後學者

〈題辭〉言秦焚滅經術，坑戮儒生，孟子徒黨盡矣。案孟子高材卓犖，間世而生，其徒誠莫能仰企。至其《詩》、《書》之說，非不可量材傳授。《書》至漢初，止存二十九篇，則孟子之說亦泯焉。《詩》則孟仲子傳之以至毛公，〈周頌．維天之命〉傳引孟仲子曰：「大哉天命之無極，而美周之禮也。」〈魯頌．閟宮〉傳引孟仲子曰：「是禖宮也。」又〈小雅．小弁〉傳全引孟子駁高子語，是《毛詩》固遠承孟子之學。《韓詩外傳》亦引孟子十餘條，則《韓詩》亦與孟子有瓜葛者。其在漢初，徒黨固未盡也。

尊荀

使文質興廢，若畫丹之與墨，若大山之與深壑，雖驟變可矣，變不斗絕，故與之莎隨以道古。荀子之道古，聲則凡非雅聲者舉廢，色則凡非舊文者舉息，械用則凡非舊器者舉毀，以是不過三代，不貳後王，法後王矣，何古之足道？曰近古曰古，大古曰新，綦文理於新，不能無因近古。曰後王，所謂後王者，上非文武，下非始皇帝。何者？一棲七雄，共和之令廢，秦雖得陳寶，六國未一，拱球未講，郊號未稱帝，彼天下之君安在？仲尼有言：夏德不亡，商德不作；商德不亡，周德不作；周德不亡，《春秋》不作。《春秋》之作，以黑綠不足代蒼黃，故反夏政於魯，為新王制，非為漢制也。其所規摹，則政令粲然示於禘矣。荀子所謂後王者，則素王是；所謂法後王者，則法《春秋》是。

《春秋》作新法而譏上，變古易常，使文質興廢，若畫丹之與墨，若大山之與深壑，雖驟變可矣，變不斗絕，故與之莎隨以道古。古也者，近古也，可因者也。漢因於秦，唐因於周、隋，宋因於周，因之曰以其法為金錫，而己形範之，或益而宜，或損而宜，損益曰變，因之曰不變。仲尼、荀卿之於周法視此矣。

其儀古也，禔以便新也。自東周之季，以至禹，〈連山〉息，〈汨作〉廢，〈九共〉絕，絕政雖在，不能無小齵，節奏無齵，唯近古之周。苟作新法，而棄近古，專以夏為萬夏，大古之屬也。名不爾雅，政不樂易，其所謂新者，民無與為新矣。墨翟眩於是，故師禹誓；李斯眩於是，滌蕩周舊，而一從秦制。厲其脣吻以為法泰皇。夫泰皇，誠古也，畔周世之隨俗雅化，而以殊瑰臨民。其傣古也，其傣新也，其傣新也，禔以害新也。是以君子行政，若竘匠然，熔冶自京室，而丱埴自勝，國由是則治，不由是則亂，後有改作者，雖百世可知也。

後聖

自仲尼而後，孰為後聖？日：水精既絕，制作不紹，浸尋二百年，以踵相接者，唯荀卿足以稱是。非侈其傳經也，其微言通鬼神，彰明於人事，鍵牽六經，謨及後世，千年而不能闓明者，日〈正名〉、〈禮論〉。〈禮論〉未作，人以為祝史之事；作矣，人以為辟公之事。孟氏未習，不能窺其意。共他揖讓之禮雖從，而戾於行事者，遇之則若焦熬矣。黃帝正名，仲尼以治衛，夏亂於施，西域亂於塞種，正之以後王之成名。纖及米鹽、至於緯宙合，自一話一言，皆正其程度，解其玄紐，則析言破辭者無敢鼻亂。唯舉樞要，故閎於爾雅；唯參伍□際，故足以陷塞氏。（佛氏目眚見病之說，推之色聲香味觸法，皆自我作，一人之私言也。荀子言：「形體色理以目異，聲音清蝕、調竽奇聲以耳異，甘苦鹹淡辛酸奇味以口異，香臭芬鬱腥臊酒酸奇臭以鼻異，疾養餐熱滑鈹輕重以形體異，說故喜怒哀樂愛惡欲以心異。」天下之公言也。）且由古者侗長佼□之民，以暨周秦，其年則巧歷不能紀，自是無圻矣。其風之遷，其志也亦遷。必守故號，則不給於用，故日有王者起，必將有循於舊名，有作於新名。（互市以來，新理日出，近人多欲造作新字者。）嗚呼！斯其制作也，則迴乎三統，竟乎文祖地祇之斃。是故〈禮論〉以鍵六經，〈正名〉以鍵《春秋》之隱義。其他〈王制〉之法，〈富〉、

〈強〉之論，〈議兵〉之略，得其枝葉，猶足以比成、康。歸乎！非後聖孰能不見素王而受共鬲翼銅瑁者乎！

而治孟學者惎之，以論性惡為敵逑。嗚呼！性惡者，非同人性於禽豸也，而異人性於聖五之制禮，有善不□，斯謂之惡已。是故咳童因心，日順德之始。啼笑於食飲之有亡，日貪戾之始。貪戾情乎？荀子固云：「性之好惡喜怒哀樂謂之情。」（亦見〈正名篇〉。）情之惡，其柢則在性矣。或日：征討之義，首惡之誅，自大庭以來弗能廢。荀子辨等禮，共視君臣也嚴，未嘗聞於良貫之義，故其持世□者不及孟。嗚呼！世俗之說者，以桀、紂有天下，湯、武篡而奪之。荀子以為傴巫跛匡之智，載在〈正論〉，駁辨幾千言，孰謂其術之異於孟氏也。

夫治孟學以惎荀氏者，始宋程、蘇。蘇與程相敵逑，其惎荀氏則合從，彼蘇氏尤昌狂妄言。（近人或謂蘇詆荀卿，乃藉以詆荊公，大繆。忿疾荀卿，自是宋世習俗。即如子雲文人，偶有撰述，特與徐幹等耳，於學術何足輕重。自唐韓氏以揚擬荀，宋人遂以才高多過、才短少過並譏，要衹為揭櫫孟學，並忘荀、揚之絕非倫此。若謂蘇以詆荀卿者詆荊公，然則詆揚雄者，亦可云藉以詆溫公邪？）推其用意，且日死而操金椎以葬，下見荀卿，將敲其頭矣。利祿小生，不可與道古。其文學以程、蘇為寶祏，從而和之，使後聖之學，終於閉錮伏匿;仲尼之志，自是不得見。悲夫！並世之儒者，誦說六藝，不能相統一。章炳麟訂之曰：「同乎荀卿者與孔子同，異乎荀卿者與孔子異。」

儒法

自管子以形名整齊國，著書八十六篇，而《七略》題之曰道家。然則商鞅貴憲令，不害主權術（見《韓非·定法篇》），自此始也。道其本已，法其末已。今之儒者，聞管仲、申、商之術，則震慄色變曰：而言雜伯，惡足與語治。試告以國僑、諸葛亮，則誦祝冀為其後世，而不知僑、亮之所以司牧萬民者，其術亦無以異於管仲、申、商也。然則儒者之道，其不能擯法家，亦明已。今夫法家亦得一於《周官》，而董仲舒之決事比，引儒附法，則吾不知也。

夫法家不厭酷於刑，而厭密於律。漢文帝時，三族法猶在，刑亦酷矣。然斷獄四百，幾於興刑措之治者，其律疏也。律之密者，不欲妄殺人，一竊分數級，一傷人分數級，鉤鋠分析，雖離朱猶眩目，自以為矜慎用刑，民不妄受戮矣。不知上密於律，則下遁於情，而州縣疲於簿書之事，日避吏議，娖娖不暇給，其極上下相蒙，以究於廢弛，故德意雖深，不足以化民成俗，今日是也。仲舒之決事比，援附格令，有事則有例，比於酇侯《九章》，其文已冗，而其例已繁，已用之斯焚之可也，著之簡牘，拭之木觚，以教張湯，使後之廷尉比而析之，設法如牛毛，其卒又以為故事。然後捨生人之能，而行偶人之道。悲夫！儒之戾也，法之弊也。吾觀古為法者，商鞅無科條，管仲無五曹令，其上如流水，其次不從則大刑隨之，貴其明信，不日較輕重。子弓曰：「居敬而行簡，以臨其民。」嗚呼！此可謂儒法之君矣。

商鞅

商鞅之中於讒誹也二千年，而今世為尤甚。其說以為自漢以降，抑奪民權，使人君縱恣者，皆商鞅法家之說為之倡。嗚呼！是惑於淫說也甚矣。法者，制度之大名，周之六官，官別其守，而陳其典，以擾乂天下，是之謂法。故法家者流，則猶西方所謂政治家也，非膠於刑律而已。後世之有律，自蕭何作《九章》始。（《漢‧地理志》，箕子作樂浪北韓民犯禁八條。李悝、高祖皆嘗有作，然或行於小國，或草創未定之制。若漢、唐及今變本加厲之法，則皆萌芽於何。）遠不本鞅，而近不本李斯。張湯、趙禹之徒起，踵武何說而文飾之，以媚人主，以震百辟，以束下民，於是乎廢小雅。此其罪，則公孫弘為之魁，而湯為之輔，於商鞅乎何與？

鞅之作法也，盡九變以籠五官，核其憲度而為治本，民有不率，計畫至無俚，則始濟之以攫殺援噬，此以刑維其法，而非以刑為法之本也。故太史公稱之曰：「行法十年，秦民大說，道不拾遺，山無盜賊，家給人足。」今夫家給人足而出於虔劉之政乎？功堅其心，糾其民於農牧，使向之遊惰無所業者，轉而傅井畝。是故蓋藏有餘，而賦稅亦不至於缺乏。其始也觳，其終也交足，異乎其厲民以鞭箠而務充君之左藏者也。若夫張湯，則專以見知、腹誹之法震怖臣下，誅鉏諫士，艾殺豪傑，以稱天子專制之意。此其鵠唯在於刑，其刑唯在於簿書筐篋，而五官之大法勿與焉，任天子之重徵斂、恣調發而已矣。有拂天子意者，則已為天子深文治之，並非能自持其刑也。是故商鞅行法而秦日富，張湯行法而漢日貧，觀於汲黯之所譏，則可知矣。由湯之法，終於盜賊滿山，直指四出，上下相蒙，以空文為治，何其與鞅反也，則鞅知有大法，而湯徒知有狴獄之制耳。法家與刀筆吏，其優絀誠不可較哉！且非特效之優絀而已，其心術亦殊絕矣。

跡鞅之進身與處交遊，誠多可議者。獨其當官，則正如檠榜而不可紾。方孝公以國事屬鞅，鞅自是得行其意，政命出內，雖乘輿亦不得違法而任喜怒，其賢於湯之窺人主意以為高下者亦遠矣。辱太子，刑公子虔，知後有新主能為禍福，而不欲屈法以求容閱。嗚呼！其魁壘而骨鯁也，庸渠若弘、湯之徒，專乞哀於人主，藉其苛細以行佞媚之術者乎？

夫鞅之一日刑七百人以赤渭水，其酷烈或過於湯，而苛細則未有也。觀其定令，如〈列傳〉所言，略已具矣。吾以為酷烈與苛細者，則治亂之殊，直佞之所由分也。何者？誅意之律，反唇之刑，非有所受也。湯以為不如是不足以媚人主，故瘁心力而裁制之，若鞅則無事此矣。周興、來俊臣之酷烈也，又過於鞅，然割剝之慘，亂越無條理，且其意亦以行媚，而非以佐治，則鞅於此又不屑焉。嗟乎！牛羊之以族蠡傳者，慮其敗群，牧人去之而無所靳。刑七百人，蓋所以止刑也，俄而家給人足，道不拾遺矣。雖不刑措，其勢將偃齊斧以攻榱桷。世徒見鞅初政之酷烈，而不考其後之成效，若鞅之為人，終日持鼎鑊以宰割其民者，豈不繆哉。

余觀漢氏以降，刀筆吏之說多傅《春秋》，其義尊君抑臣，流貤而及於民。湯之用決事比，其最俶矣。自是可稱道者，特旌旗之以文無害之名，而不能謂之有益於百姓。是其於法家，則猶大巖之與壑也。今綴學者不能持其故，而以抑民恣君蔽罪於商鞅。嗚呼！其遠於事情哉，且亦未論鞅之世矣。

夫使民有權者，必其辯慧之士可與議令者也。今秦自三良之死，後嗣無法，民無所則效，至鞅之世而冥頑固以甚矣。後百餘歲，荀子猶曰秦無儒，此其蠢愚無知之效也。以蠢愚無知之民，起而議政令，則不足以廣益，而只以淆亂是非，非禁之將何道哉。後世有秀民矣，而上必強閼之，使不得與議令。故人君尊嚴若九天之上，萌庶縮朒若九地之下，此誠昉於弘、湯之求媚，而非其取法於鞅也。藉弟令效鞅，鞅固救時之相而已，其法取足以濟一時，其書取足以明其所行之法，非若儒、墨之著書欲行其說於後世者也。後世不察鞅之用意，而強以其物色效之，如孫復、胡安國者，則謂之愚之尤，如公孫弘、張湯者，則謂之佞之尤。此其咎皆基於自取，而鞅奚罪焉。

吾所為讞鞅者，則在於詆《詩》、《書》、毀孝弟而已，有知其毒之酋臘而制之，其勿害一也。昔者，蜀相行鞅術，至德要道弗踣焉。賈生亦好法矣，而非其遺禮義、棄仁恩。乃若夫輓近之言新法者，以父子異財為憲典，是則法乎鞅之秕稗者也。寶其秕稗，而於其善政則放絕之，人言之戾也，一至是哉！

夫民權者，文祖五府之法，上聖之所以成既濟也。有其法矣，而無其人，有其人矣，而無其時，則三統之王者起而治之。降而無王，則天下蕩蕩無文章綱紀，國政陵夷，民生困敝，其危不可以終一餔。當是時，民不患其作亂，而患駘蕩姚易，以大亡其身。於此有法家焉，雖小器也，能綜核名實，而使上下交蒙其利，不猶愈於蕩乎。苟曰：吾寧國政之不理，民生之不遂，而必不欲使法家者整齊而撙絀之，是則救飢之必待於侁飯，而誡食壺飧者以寧為道殣也。悲夫！以法家之鷙，終使民生；以法家之刻，終使民膏澤。而世之仁人流涕洟以憂天下者，猥以法家與刀筆吏同類而醜娸之。使九流之善，遂喪其一，而莫不府罪於商鞅。嗟乎！鞅既以刑公子虔故蒙惡名於秦，而今又蒙惡名於後世，此骨鯁之臣所以不可為，而公孫弘、張湯之徒，寧以佞媚持其祿位者也。

讀管子書後

世之言管子者以〈內業〉、〈白心〉為本柢，以〈大匡〉、〈乘馬〉為法制，此皆膚末之言也。而道西法者，又謂其出於墨氏。夫節用非樂，其道大觳，其風俗與泰西若冰炭，於教術合矣，於政法則背而相馳爾。嗚呼！管子之言，興時化者，莫善於〈侈靡〉，斯可謂知天地之際會，而為〈輕重〉諸篇之本，亦泰西商務所自出矣。向使地球凝結以來，遷延旁薄以至沛育新期，一循其榛榛狉狉之俗，而無愈久愈侈、愈久愈靡者，則黃金棄於礦，珠玉棄於淵，虎豹之皮、鼲貂之裘棄於山林，是真所謂佶堯之時，昆吾之美在下，雖閉關絕市，裹商人之足焉可也，又安得夫操奇計贏，以成輕重之勢者哉！唯夫天地之運，愈久而愈文明，則亦不得不愈久而愈侈靡。而所謂侈靡者，其稱固未有定也。成周之世，食大牢而奏韶濩，自茹毛飲血之世視之，而侈靡又已甚矣。今西人之宴，有一飧而縻數萬佛狼者，英商享合肥相國，至用六千鎊可證。自成周之世視之，而侈靡又已甚矣。必舉成周之俗以訾今人，則亦將舉茹毛飲血以訾成周，而遞訾之至於無窮，則有偶袋獸而伍龍鱷者，而茹毛飲血，復有訾其侈靡者矣。然則天下無所謂侈靡也，適其時之所尚，而無匱其地力人力之所生，則是已。古者於山之見榮茂草喬松之為煤者，未嘗求於良工精材，雖求之而未嘗致，非夫效漢陰丈人之假修渾沌氏之術也。其用未侈靡，則呰窳偷生而已足。然而人非一哦啄恩矣，一蛾啄恩者，開闢時第一生物。智慧愈開，侈靡愈甚，則原質之棄於地，與養氣、淡氣、綠氣之棄於球外者，不得不審御機數以求之。是故侈靡者，工藝之所自出也。

夫既有工藝矣，則一方或有餘，而一方或不足，而求之者則固相等，於是商賈操之以徵貴賤，則其勢不得不生輕重。輕重者，亦勢之無可遁者也。譬之行星與日之有離心、毗心也。西班牙人嘗欲析富家之財以均貧者，而卒至於擾亂。（用《佐治芻言》說。）人之有輕重，且不能平，況於國乎！故始也以貿易為一商之輕重，而終也至以為一國之輕重。管子嘗言合小以攻大者，敵國之形；以負海攻負海者，中國之形。嗚呼！至於重勢既成，則以貿易攻人而有餘，亦無待於兵刃矣。唯夫菁茅石璧，非天下所貴，而藉天子之威靈以重之，使其值至於騰踴，此則君權之世所有，而非民權之世所有爾！雖然，物無不以緩急為輕重，則其道亦與侈靡等。故日：侈靡者，輕重之本，而泰西商務之所自出也。自非曠覽乎大圜之始終，與三十九期之變遷者，不足以知此。故其篇首則論古時與今時同，而其人不同；篇末則言中國之草木有移於不通之野者，以見運之合滿。運即三十九期之期。嗚呼！是其智有過於大禹化益者也。夫一處生物，古今不同，時時有新生之物，亦時時有絕滅之物，故松慄榆樹，以其中所得古刀，驗其萌芽早晚，而義大利扯拉草子之形，圓於英吉利所生者。（以上約舉《地學淺識》語。）此以知今之與古，中國之與不通之野，其草木固有異也。草木既枯為皮脫，又久則為僵石，而天地期運，於是一終。管子謂之運，佛家謂之劫，西人謂之期。是故以草木言，則《易》言天造，必云草昧；言天地變化，必云草木蕃；以所化僵石言，則《易》言艮為石，而云萬物所以成終而成始。由是以驗其刀，而知其愈久愈文明，亦愈久愈侈靡也。

嗚呼！中西之事，管子見之矣。其篇末又曰：婦人為政，鐵之重反旅金。（重者，謂其值重也。旅猶進旅退旅之旅，謂相等也，謂鐵之值與金等重，甚言之也。尹《注》失之。）嗚呼！維多利亞之霸歐洲，而權力及於中國，與一切械器軌道之必藉於煉鋼精鐵者，管子見之矣。

電子書購買　爽讀 APP

國家圖書館出版品預行編目資料

章太炎之諸子學略說：探索諸子百家的思想源流，一場與聖賢的深度對話 / 章太炎 著 . -- 第一版 . -- 臺北市：複刻文化事業有限公司 , 2024.11
面； 公分
POD 版
ISBN 978-626-7595-68-8(平裝)
1.CST: 先秦哲學 2.CST: 研究考訂
121.07　113016425

章太炎之諸子學略說：探索諸子百家的思想源流，一場與聖賢的深度對話

臉書

作　　者：章太炎
發 行 人：黃振庭
出 版 者：複刻文化事業有限公司
發 行 者：複刻文化事業有限公司
E-mail：sonbookservice@gmail.com
粉 絲 頁：https://www.facebook.com/sonbookss/
網　　址：https://sonbook.net/
地　　址：台北市中正區重慶南路一段 61 號 8 樓
8F., No.61, Sec. 1, Chongqing S. Rd., Zhongzheng Dist., Taipei City 100, Taiwan
電　　話：(02) 2370-3310　　傳　　真：(02) 2388-1990
印　　刷：京峯數位服務有限公司
律師顧問：廣華律師事務所 張珮琦律師
定　　價：299 元
發行日期：2024 年 11 月第一版
◎本書以 POD 印製
Design Assets from Freepik.com